シンポジウム
東アジアの古代鉄文化

松井和幸 編

雄山閣

口絵1　三門峡市虢国墓地出土　西周晩期　銅内鉄援戈

口絵2　霊台県景家荘出土　春秋早期　銅柄鉄剣

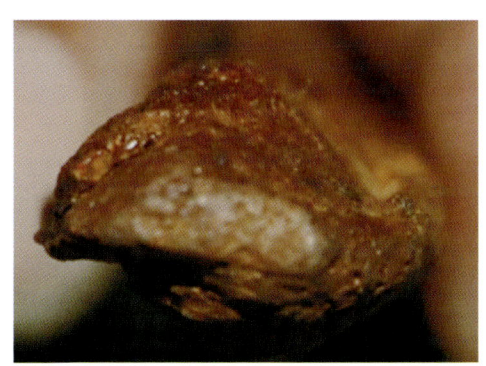

口絵3　鋳型がずれた状態で鋳造された鉄鏃
　　　（図13－36）

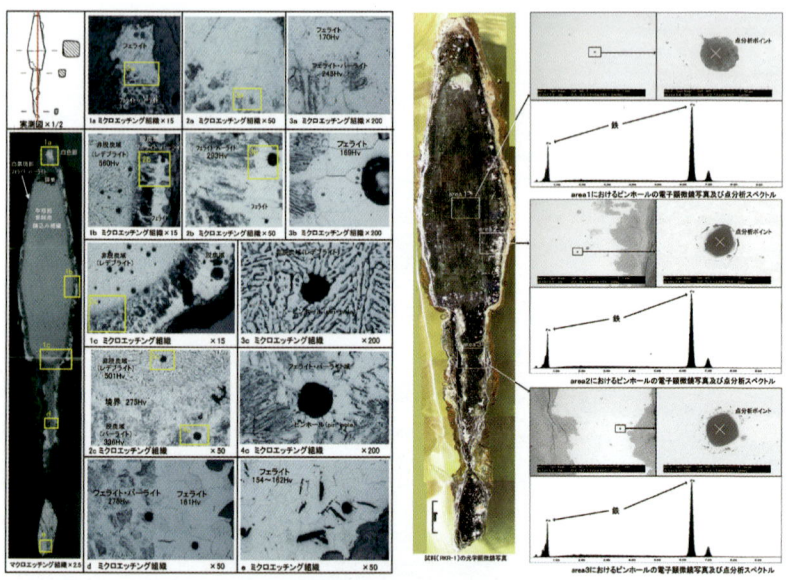

口絵4　楽浪土城出土鉄鏃（弩）（RAK-2）の
顕微鏡組織（右）と電子顕微鏡調査結果

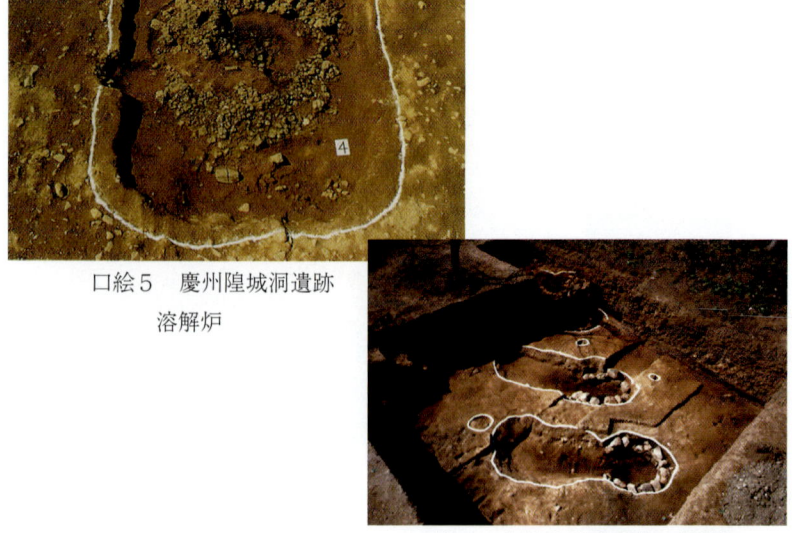

口絵5　慶州隍城洞遺跡
　　　　溶解炉

口絵6　密陽沙村遺跡出土製鉄炉

口絵7　隍城洞遺跡出土鋳造鉄斧鋳型　　口絵8　大成里遺跡出土鉄鏃未製品

口絵9　タイ・バンドンプロン遺跡の竪型製鉄炉

口絵10　京都府扇谷遺跡環濠出土鉄器（京丹後市教育委員会所蔵）

口絵11　広島県中山貝塚A4区出土鉄器（広島大学考古学研究室所蔵）

口絵12　大阪府瓜生堂遺跡中期中葉の板状鉄斧（東大阪市教育委員会所蔵）

はじめに

　2007（平成19）年12月1・2日の両日にわたって、北九州市立自然史・歴史博物館（いのちのたび博物館）を会場に、「第1回　東アジア鉄文化研究会　東アジアにおける鉄文化の起源と伝播に関する国際シンポジウム」を開催しました。本書は、そのシンポジウムの内容をまとめたものです。

　2007（平成19）年は、大島高任が東北・釜石鉄山の高炉において、初めて出銑に成功した1857（安政4）年から150年にあたり、さらに中国地方の岡山において「たたら研究会」が設立された1957（昭和32）年から50年といった節目の年にあたりました。この記念すべき年に、近代製鉄発祥の地である北九州八幡の地において、東アジアの古代鉄文化に関する国際シンポジウムを準備・計画した次第です。

　古代中国に起源がある東アジアの鉄文化は、周辺地域へ伝播する過程で地域ごとに異なった発展をしました。中国、韓半島、日本列島、そして東南アジアなどの古代鉄文化を比較・検討し、それぞれの地域における初期鉄器文化の時期と内容を押さえ、その特色を把握することによって、東アジアの鉄文化を考える共通の基盤を形成することは不可欠です。

　さらに日本においては、近年ＡＭＳ年代測定法の成果に基づいて、弥生時代開始の年代が従来よりも500年遡り、紀元前10世紀になるとの説も提示されています。ご承知のように日本の初期鉄器時代の鉄器資料はこの年代論争に巻き込まれています。このような状況の中で、各地の鉄文化の流れを正確に把握する必要が早急にあることから、本シンポジウムの開催を計画しました。

　また、古代鉄器に関するシンポジウムとなるととかく議論が専門的で、限定的な話に終始しがちですが、それを避けるために、アジア全体の鉄文化に関して民俗学的に深く研究されている朝岡康二先生にシンポジウムの前に「東アジアの鉄文化」という題で、公開講演をしていただきました。

　1993（平成5）年のたたら研究会主催の「国際シンポジウム」（於・広島市）からすでに15年の月日がたちました。今回シンポジウムに基調報告をしてい

ただいた先生方は、現在、各国、各地域で鉄文化研究の第一線で活躍されている中堅、若手の研究者の方々です。20世紀の鉄文化研究の総括と、21世紀の研究の方向性をそれぞれの立場で論証されています。

　それぞれの地域が抱える問題点もかなり焙り出されたのではないかと思っております。

　１回限りの研究会では、時間も限られ、十分な議論も出来ない部分も多々ありましたが、これをたたき台に、これからも相互に情報交換を密にしてゆけば、東アジアの古代鉄文化が抱える未解決の問題点もやがては解決し、それが東アジアの古代史の解明に繋がるものと確信しております。

　第２回、第３回の東アジア鉄文化研究会が韓国や中国で開催されるようになれば、第１回のシンポジウムをわが国近代製鉄発祥の地である北九州市八幡の地で開催された意義はより大きなものになると思います。

　最後になりますが、第１回東アジア鉄文化研究会シンポジウム「東アジアにおける鉄文化の起源と伝播に関する国際シンポジウムを開催するに際しましては、財団法人福武学術文化振興財団、財団法人日韓文化交流基金、財団法人西日本産業貿易コンベンション協会から多大な助成金をいただくとともに、たたら研究会からは全面的なご協力をいただきました。また本書の出版にあたりましては、株式会社雄山閣　代表取締役社長宮田哲男氏、同編集部宮島了誠氏、桑門智亜紀氏に大変お世話になりました。記して感謝の意を表します。

東アジアにおける鉄文化の起源と伝播に関する

国際シンポジウム実行委員会

　　　　代表　松井和幸

_{シンポジウム}
東アジアの古代鉄文化
目 次

はじめに ……………………………………………… 松井和幸　i

総　論
東アジアの古代鉄文化……………………………… 松井和幸　1

公開講演
東アジアの鉄器文化―鍛冶屋の採訪から― …… 朝岡康二　11

基調講演
中国古代鉄器の起源と初期の発展………………… 白　雲　翔　23
東北アジアの古代鉄文化…………………………… 笹田朋孝　47
中国・納西族に残る石製笵による鋳造技術…… 宮原晋一　69
古代韓半島鉄生産の流れ…………………………… 孫　明　助　87
最近の調査成果から見た韓国鉄文化の展開…… 金　一　圭　103
東南アジアの鉄文化―タイを中心として― …… 新田栄治　125
日本における古代鉄文化…………………………… 野　島　永　153

シンポジウム
討　論 ………………………………………………… 171

総論

東アジアの古代鉄文化

北九州市立自然史・歴史博物館
(いのちのたび博物館)
松 井 和 幸

はじめに

　鉄は鉄鉱石や砂鉄の形で存在し、地球上の金属資源の中ではアルミニウムに次ぐ第2位の埋蔵量がある。また鉄は地球外からの贈り物である隕鉄としても存在しており、人類が使用した初期の鉄製品は隕鉄製品であった。金・銀・銅や隕鉄などの金属類は自然の状態でも産出するので、そのまま道具に加工することができた。人類が金属器を使用し始めた初期の段階は、刃物として加工された一部の隕鉄製品以外、金属製品の大部分は装飾品か小さな道具類に限られていたのである。

　自然に産出する各種金属を利用していた人類は、やがて鉱石を製錬することによって金属を抽出する方法を獲得した。鉄鉱石を還元して造りだされる人工鉄は、西アジアに起源がある。小アジアにあったヒッタイトが最初にこの偉業を成し遂げたと言われている[1]。

　鉄鉱石や砂鉄を還元する古代的な直接製鉄法によって作りだされる人工鉄は、1200度前後の温度と充分な炭素還元剤による還元雰囲気を保持することによって作り出すことができる。つまり鉄鉱石や砂鉄を還元するための充分な高温と一酸化炭素の供給があれば、人工鉄を作り出すことができたわけである。

　こうして生産された人工鉄には、大きく分けて鋼と鋳鉄の二種類が存在する。この差は、含まれる炭素量の差によって異なる。鋼鉄には、含まれる炭素量が0.02〜0.2%の低炭素の錬鉄あるいは鍛鉄と、炭素含有量が0.3〜2.1%の中・高炭素の鋼鉄がある。一方鋳鉄（銑鉄）は、炭素含有量が2.1〜6.7%（平

均3％程度）である。鉄には、炭素含有量が少ないと軟らかいが粘り強くなり、炭素含有量が多いと硬いが脆くなるという性質がある。この性質の差が、やがて鉄器の種類によって使用される鉄の種類の差に反映されるようになった。

　人類の歴史を、使用する利器の材質から見ると、石器時代→青銅器時代→鉄器時代へと変遷してきた。現代はまだ鉄器時代である。青銅器時代から鉄器時代への変化は、1000度以内で精錬できる青銅器に対し、鉄は1000度以上ないと製錬できないという製錬温度の差に最も大きく左右される。つまり1000度以上の高温を作り出すためには鞴など何らかの人工送風装置の発明が必要であったのである。

1　古代中国の鉄文化

　中国では、数十万年に及ぶ長い長い旧石器時代という時代が続き、その後新石器時代を経て、商代から青銅器時代が始まる。そして商、周代に青銅器文化は極限にまで発達する。やがて春秋・戦国時代になると鉄器が出現し、普及し始めた。これは東アジア世界では最古の鉄文化である。目下のところ、中原地域と新疆地域に古い鉄文化が確認されている（図1）。

　中国の鉄文化がどのように西アジアから伝わってきたかの解明は、今後の大きな課題の一つである。

　中国の鉄器は、紀元前14世紀（商）の時代頃には青銅器に隕鉄製の刃先を装着した鉄刃銅鉞、鉄援銅戈などが出現し、続いて紀元前8世紀頃の西周晩期頃から人工鉄の生産が始まった。隕鉄はニッケルの含有量が4％以上（平均で約8％）と高いため、人工鉄との識別が可能である。初期の人工鉄は塊錬鉄と塊錬滲炭鋼であり、兵器としての短剣と矛だけではなく、加工用の工具なども新たに出現した。

　その後、春秋時代（紀元前770〜前476年）の300年間に、中国の鉄器生産技術は飛躍的に発展した。そして鉄器は、生産工具、兵器、日用品にと広く用いられるようになった。

　やがて鉄器の大量生産を可能とした鋳造鉄器が生産されるようになった。この鋳造鉄器の技術は、前提として高度に発達した青銅器生産技術があったためと考えられる。それと同時に、硬くて脆いという銑鉄の欠点を克服するため

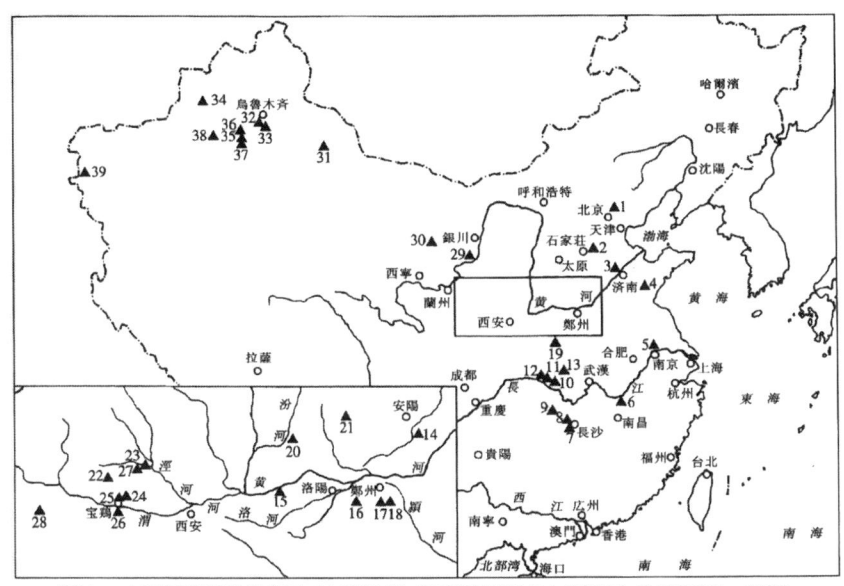

図1　中国初期鉄器分布図（白雲翔『先秦両漢鉄器的考古学研究』科学出版社、2005）

1：平谷県劉家河　2：藁城県台西村　3：長清県仙人台　4：沂水県石景村　5：六合県程橋　6：九江市大王嶺　7：長沙市龍洞坡　8：長沙市楊家山　9：常徳市徳山　10：江陵県紀南城　11：宜昌県県上磨堖　12：秭帰県柳林渓　13：荊門市響鈴尚　14：浚県辛村　15：三門峡市虢国墓地　16：登封県王城崗　17：新鄭市鄭国公墓区　18：新鄭市唐戸村　19：淅川県下寺　20：曲沃県天馬一曲村　21：長子県牛家坡　22：隴県辺家荘　23：長武県春秋墓　24：鳳翔県秦公1号大墓　25：鳳翔県馬家荘　26：宝鶏県益門村　27：霊台県景家荘　28：礼県秦公墓北　29：中寧県双瘰村　30：永昌県蛤蟆墩　31：哈密市焉不拉克　32：烏魯木斉市南山礦山区阿拉溝　33：烏魯木斉市柴窩堡　34：尼勒克県窮科克　35：和静県察吾乎溝　36：和静県哈布其罕　37：和静県拝勒其爾　38：輪台県群巴克　39：塔什庫爾干県香宝宝

に鋳鉄脱炭技術という世界に類を見ない熱処理技術も生まれた。この熱処理技術によって本来なら、硬いが脆いために実用に適さない鋳鉄製の農工具類が、鋳型に流して製作することによって大量生産することが可能になったのである。こうして紀元前5世紀の春秋時代末期には、関中平原の西部から山東半島中部、湖南長沙一帯にまで鉄器の分布は拡大していった。

　次の戦国時代（紀元前475～前221年）になると、鉄器文化は大発展した。この時期鉄器は、生産工具、兵器・武具、車馬器具、日用器具、雑用器具など日常生活のかなりの部分で用いられるようになった。鍛造技術と鋳造技術は並行して発展し、鍛造鉄器では塊錬鉄滲炭鋼技術の発展、鋳造鉄器では鋳鉄脱炭鋼の製作技術が出現した。そしてこの戦国時代の鉄文化は、中国の東北地方

へ、東は朝鮮半島、そして日本列島へと伝わっていったわけである。

この間の中国鉄器文化の発展過程に関しては、白雲翔先生の発表に詳述されている。

2　東北アジアの古代鉄文化

朝鮮半島や日本列島の古代鉄文化の成立を検討するには、戦国時代の燕国、漢代の楽浪郡における鉄器の実態を解明することは不可欠である。したがって、シンポジウムでは、笹田朋孝先生に、中国東北部、朝鮮半島北部、ロシア沿海州ならびにアムール河中・下流域の古代鉄文化に関して、発表をしていただいた。

この地域の鉄文化に関しては、近年東京大学によって楽浪土城や牧羊城出土の鉄器資料が報告され、従来不明瞭であった部分も多かったが、新たな資料を得ることができた[2]。笹田先生は、こうした鉄器資料の整理にも参加されており、東北アジアの鉄文化を研究している数少ない研究者の一人である。

この地域の代表的遺跡である咸鏡北道茂山県虎谷遺跡では、団結―クロウノフカ文化前半に相当する虎谷5期に工具が鉄器化し、後半の6期には本格的な鉄器化が進行する。それと同時に鉄滓が出土していることから、この時期から鉄器の鍛冶加工が行われたことが確認されている。また、朝鮮半島では見られないが、日本列島の弥生時代に多数出土している鋳造鉄斧の再加工品が出土している。

またこの地域の特色として、自然環境が農業には向かないためか、工具の類が優先的に鉄器化していっていることがわかる。なお鉄器化の進行はゆっくりしている。

このように戦国時代燕の鉄器文化の東北部への波及の実体が少しずつ明らかになってきたと言える。ただ、遺跡の年代をめぐっては一定の結論が出ていない遺跡も多く、したがってこの地域における鉄文化の起源の時期をめぐっては、まだまだ流動的である。今後の課題も多い地域といえよう。

3　朝鮮半島の古代鉄生産

朝鮮半島の古代鉄生産に関しては、孫明助、金一圭両先生に発表をお願い

した。韓国では、1990年代から非常に多くの鉄関連遺跡の発掘調査が行われるようになり、今回発表をお願いした両先生は、こうした韓国の鉄関連遺跡の調査ではいずれも中心になって活躍されている研究者である。

朝鮮半島では、紀元前3世紀頃に鉄器が出現しはじめる。渭原龍淵洞遺跡や細竹里遺跡出土鉄器で、細竹里―蓮花堡類型に代表される一連の鉄器類である。いずれも戦国時代燕から輸入された鉄器と考えられている。この時期に、清川江以北は燕の勢力圏に入ったためと考えられる。以後、楽浪郡が設置される前の紀元前2世紀頃まで、鋳造鉄器と細形銅剣がセットで出土する例が多くなる。この鉄器文化は、清川江以南の細形銅剣文化圏に波及していった。

紀元前1世紀頃になると、鋳造鉄器文化は衰退し、南韓地方に鍛造鉄器を中心とする新たな鉄器文化が成立する。この時期に南韓地域での鉄生産を推定する研究者は多いが、実際に製鉄炉が確認されているわけではない。

朝鮮半島南部地域の場合、初期の鉄文化は戦国燕、次に前漢の楽浪郡など漢の四郡を通じて入ってきたわけである。ただ、燕の鋳造鉄器文化は細形銅剣文化の中にかなり流入しているが、楽浪郡設置以後は、鉄文化は必ずしもストレートに伝わってきていないように思われる。むしろこの時期、日本列島から出土する鉄器の数の方が多い。これは、前漢が国境を接する地域へ最先端の文化—例えば鉄など—が流出するのを避け、朝鮮半島と倭とを牽制させる「以夷制夷」というような支配方針をとっていたためではなかろうか。

そして、楽浪郡など漢四郡の勢力が実質的に弱体化し始める紀元2世紀頃になると、朝鮮半島南部に直接的な鉄生産遺跡が確認されるようになり、次の3世紀後半から4世紀前半頃になると大規模な鉄生産遺跡が現れ、本格的な鉄生産が半島南部地域でも始まったと考えられる。

こうした解釈は、今回発表いただいた二人の韓国側の先生方と若干異なるかもしれない。ただ朝鮮半島初期の鉄文化を見ると、戦国時代燕の鋳造鉄器文化はかなり短期間にストレートに入ってくるのであるが、その後やや一段落して、2世紀頃以降急激に鉄生産遺跡が形成されるようになり、出土鉄器も急激に増加する。この時期はとりもなおさず、漢の朝鮮半島支配の影響力が弱まってくる時期と機を一にしているのである。

日本列島との関係で言えば、『三国志』魏志巻30に記述された弁辰地域の

鉄の産地[3)]については具体的な生産遺跡は確認されていない。日本列島との関係や、朝鮮半島南部の鉄生産の実態を解明するには、この時期の製鉄遺跡の調査が最重要ではあるが、今後の検討課題である。

3世紀後半以降大規模な鉄生産遺跡が確認される。ただこれらの遺跡を見ると、大口径の送風管を使用し、製鉄炉の規模は小さくなっているが、中国の製鉄技術に比較的類似した技術を用いているようである。やがてこの製鉄技術は日本列島に入ってくるわけであるが、日本列島で製鉄が行われるようになった初期から、大口径の送風管はなくなり、韓半島独特な生産方法が行われるようになった。

鉄器なども、有棘利器など中国の鉄器にはない、朝鮮半島特有の形態の鉄器が作られるようになり、日本列島もまた独自な鉄器を作り出すようになったのである。

4　東南アジアの古代鉄文化

紀元前111年前漢武帝は、南越国（現在のベトナム一帯）を滅ぼし、植民地化する。このことによって、この地域まで前漢の文化が浸透し、鉄文化も浸透、普及すると考えられるが、ことは必ずしも単純ではない。

この東南アジア一帯の鉄文化に関しては、かつてタイで製鉄炉の調査も経験されている新田栄治先生にお願いした。この地域は鉄に関する研究はあまり進んではおらず、バンディルン遺跡（6世紀と14世紀の2基の製鉄炉調査）とバンドンプロン遺跡（17基の製鉄炉を確認している。中心は紀元前3～前2世紀）の2つの製鉄遺跡の発掘調査が、唯一の製鉄炉の調査例である。

東南アジアでは、青銅の出現は前2千年紀末で、鉄器は前500年以降に出現、前300年頃から鉄の普及が始まる。また出土する鉄器は全て錬鉄で、鋳鉄は見られない。

製鉄の原料としては、鉄鉱石と一部砂鉄も確認されている。なお、その他この地域特有の原料として、ラテライトに起源を有する鉄イオンが粘土粒に凝縮して形成された、粘土粒をコアとして外周に酸化鉄の被膜をもつ鉄ノジュールが分布している。

新田先生は、こうしたタイの古代製鉄に関しては、バンドンプロン遺跡が

位置するムン川流域では鉄ノジュールを原料にしている可能性もあるが、鉄鉱石（赤鉄鉱）を一般的な原料とし、木炭を燃料とする小規模な円筒形シャフト炉による錬鉄生産が行われていたと考えられている。また東南アジアの鉄文化に関しては、紀元前500年頃から鉄が実用化され、前300年頃から普及し始めると考えられている。ただ、東南アジアの鉄文化は、中国戦国時代や漢の鉄文化の影響を直接的に受けた東アジアに比べ、ベトナム北部に漢代の鋳鉄製品が一部輸入されているが、それ以外の東南アジア一帯で中国の鉄を見ることはない。この地域の古代鉄文化は、中国の鉄文化に起源があるのではなく、西方のインドなどの鉄文化から強い影響を受けている可能性が高いと考えられる。

そしてこの地域に中国産鉄素材が多量に輸入されるようになった宋～元初の14世紀になって東南アジア一帯の鉄生産は大きな転機を迎えるのである。

何れにしろ、古代の鉄に関する研究者も少なく、発掘調査されている遺跡も少ないので実態は不明な点も多いが、アジア全体の鉄文化の流れを考える上では重要な地域である。今回のシンポジウムは、東アジアが中心ではあったが、こうした点を踏まえて、あえて新田先生にご参加いただいた。

5　日本列島の古代鉄文化

本シンポジウムは、発表時間の関係もあり東アジアにおける鉄文化の起源というテーマに絞った。このため、日本列島に関しては弥生時代の鉄文化にほぼ限定した発表となり、弥生時代鉄器の研究では第一人者である野島永先生にお願いした。

日本列島における鉄器の起源論を論ずる場合、近年国立歴史民俗博物館の研究グループによるAMS法による^{14}C年代の測定によって、弥生時代早期の開始時期が紀元前10世紀にまで遡ることから、それまで縄文時代晩期末や弥生時代前期として報告されていた鉄器類は全て時期に問題ありとして退けられ、これらの鉄器は弥生時代中期以降のものであると一方的に判断されている。AMS法による^{14}C年代の測定に基づく限り、これら鉄器が従来の所属時期に間違いないとなれば、西周時代の鉄器になるわけであり、中国東北部に分布する戦国時代の鋳造鉄器よりも古くなるからである。

ただ弥生時代中期前半までに属すると報告されている最古の鉄器資料は、

北部九州から近畿地方までかなりの数にのぼる。これらの資料の中には、山口県山の神遺跡出土鋳造斧型品（図２）のように、前期後半の袋状貯蔵穴の中から出土しており、考古学的な年代に問題のないものも存在する。

となると、野島先生も述べているように、これらの出土鉄器の特徴から、日本列島への鉄器の舶載時期は弥生時代前期後半の頃であり、二条凸帯斧が出現する中期前半の時期が戦国時代後期まで遡る可能性は高いといえる。

弥生時代鉄器の大きな特徴の一つに、鋳造鉄斧の再加工品の多さがあげられる。西日本一帯にあまねく分布している。燕の地域に分布する二条凸帯斧などが多く存在することから、日本列島外からもたらされたものと考えられる。鋳造鉄器を脱炭し、研磨など最小限の加工によって新たな鉄器へと再加工するわけである。同様な鋳造鉄器の最加工品は、東北アジアの団結―クロウノフカ文化期に一部見られるが、朝鮮半島からはほとんど出土していない。したがって、一般的には、日本列島には完形品が入ってきて、破損したために、破片を加工して、再加工品として独自に流通したものと考えられる。したがって鋳造鉄器を再加工するための熱処理（脱炭）作業などは、日本列島内で行われたと考えられる。硬い鋳造鉄斧は、鑢などの道具がないと容易に研磨することはできなかった。したがって脱炭作業が必要なのであり、脱炭作業は、ある程度鍛冶に精通した人間でないとできなかったのではないだろうか。

弥生時代の鍛冶技術に関しては、かなり低いレベルの鍛冶作業を想定しが

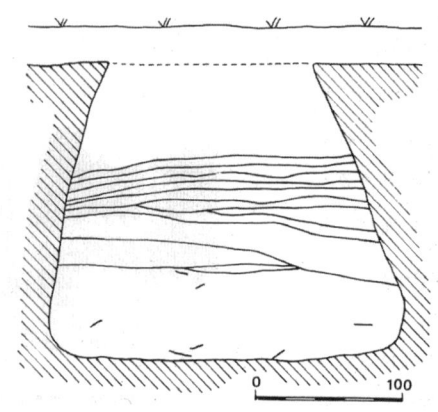

図２　山の神遺跡出土鋳造品（左）と出土袋状貯蔵穴実測図（右）

ちであるが、弥生時代中期末に北部九州域に分布する長大な鉄戈は、北部九州で製作されたのはまちがいないものであり、同様に長大な剣、刀などの中にも列島内で製作されたものも存在する可能性はある。したがって、鋳造鉄器を脱炭して、加工しやすくするような鍛冶技術も一部に存在した可能性は高いと考えられる。

　なお、鋳造鉄器の再加工品に関しては、あくまで弥生時代の鉄器の中心にあったわけではない。鉄器が破損した場合、最小限の加工技術で再加工し、新たな道具を作り出すといういわば弥生人の知恵がそこに読み取れるのである。

6　民俗学から見た鉄文化

　現在はまだ鉄器時代であると言いながら、われわれ日常生活の中で、鉄、鉄器生産に直接触れることはなくなった。昭和30年代までは、日本の町や村には必ず「鍛冶屋」が1軒程度はあって、刃物の製作や、古くなった農具の補修を行っていたものである。

　考古学的に出土遺物を解釈する場合、現在残っている技術から過去の技術を類推する場合がある。当然そこには消滅した技術も存在するわけである。

　ただ、日本にはまだ日本刀の技術にしても、比較的古い技術が残っている場合がある。ところが、急速に近代化したアジアの諸地域では、ある時点で急速に古い技術が捨て去られ今日まで継承されていない。

　このような状況の中で宮原晋一先生は、近年鋳造関係の調査を中国四川省や雲南省で実施されており、その中で納西族に残っている石製范による鋳造技術の調査結果を発表していただいた。まだまだ調査の途中であり、このような技術がはたしていつまで遡るのか現時点では結論は出ていないが、中国における近代化する以前の数少ない鉄器鋳造技術の観察記録である。クスノキの丸太を刳り抜いた筒フイゴを横置きに設置したり、上下二段構造になっている円筒形の溶解炉なども多いに参考になる事例であった。

　最後になったが、朝岡康二先生には、民俗学の立場から広く東アジア世界の中の鍛冶屋の技術についてご講演をいただいた。

　日本列島内においても、鋼の付け方が異なっており、「片刃刃物」「両刃刃物」の地域的な分布がある。また使い卸しや直し鍛冶の実態に関しても詳細に

論じていただいた。

　また、広く東アジア全体で見ると、刃物の全部が鋼で作られている地域と、日本のように一部割り込みで鋼が入れられている地域があり、それぞれで焼き入れの方法などに差があるようである。

　このような民俗学的に見た鉄器の違いが、考古的な出土鉄器の差とどのように違うのか、このような鉄器製作の技術的差はどのような歴史的過程から出現してきたのか、などの検討が、今後民俗学の成果と考古学の成果を結びつけることとなるであろう。

　何れにしろあまり狭い分野の研究者が集まってミクロ的な議論をするよりも、マクロ的視点からいろいろな分野の研究者が集まって、様々な立場から検討しようというのが今回のシンポジウムのもう一つの柱でもあった。

註
1）　ただ近年トルコのカマン・カレホユック遺跡から出土した紀元前18世紀の鉄片が鋼であることが確認されており、紀元前14～前12世紀のヒッタイト帝国時代を約500年遡る資料である。
　　このことからメソポタミアからやってきたアッシリア商人が、冶金技術をヒッタイトに広めたのではないかとも推察されるようになった。
2）　早乙女雅博『東アジアにおける楽浪土城出土品の位置付け』（平成17年度～平成18年度科学研究費補助金成果報告）東京大学、2007
　　笹田朋孝「牧羊城出土の鉄器」『遼寧を中心とする東北アジア古代史の再構成』（平成16年～平成18年度科学研究費補助金成果報告）東京大学、2007
3）　国、鉄を出す。韓、濊、倭皆従って之を取る。諸市買うに皆鉄を用い、中国の銭を用うるが如し。又以って二郡に供給す。（『三国志』魏志巻30　東夷伝弁辰の条）

公開講演

東アジアの鉄器文化
― 鍛冶屋の採訪から ―

国立歴史民俗博物館　名誉教授
朝　岡　康　二

はじめに

「東アジアの鉄器文化」と言うとても大きな演題をいただいて、あまり深く考えないでお引き受けしてしまい、具体的なことを考える段になってからどうすればよいかと、ちょっと困っています。

　私は技術史や考古学を専門にする者ではありません。また歴史研究に従事してきた者でもありません。ですから、広大な広がりと長い歴史を持つこの地域の鉄をめぐる様相を語るに適当な者ではないと思います。たいした知識もなく、本格的な調査に従事してきたわけでもありません。強いていえば、細々とした日常生活の合間に見聞きしてきたことが少しばかりある、といった程度のことに過ぎません。ですから、個人的な採訪体験から話を始めさせていただき、体験の中で気づいたことに触れることで、とりあえず責任を果たしたことにさせていただきたいと思います。

1　採訪事始

　私の若い頃、と言いますと、なにやかやもう30年以上も前のことになるわけですが、田舎を訪れると、当時はまだ部分的に伝承的な生活が残っていて、草葺の農家も見かけるし、山間の地域では囲炉裏や竈を使っている家も少なくありませんでした。もちろんその一方で、少しずつ家電製品が普及したり、台所が明るく作り変えられたりと、都会の大衆文化が及びつつあって、農業の実際も機械化の進行に伴って、ずいぶんと変化してきていました。それでも昔風なものを見ようと思えばまだあちらこちらに見ることができる、といった時期

だったのです。

　例えば地場の産地を訪れると、甑炉で地金を熔かしている鋳物屋がまだあったり、村のはずれには鍬先を扱う鍛冶屋（「野鍛冶」と通称しました）が営業しており、呼び鈴を鳴らすと、台所から奥さんが出てきて先手を打つ、といった情景を見かけることもありました。

　そういう時期に、在来の職人仕事やそれを取り巻く人々の関係、あるいはかれらが所持する技術に関心を持つようになって、機会を作って訪ね歩いては仕事ぶりを見せていただき、あるいはいろいろなお話を伺って、そこから伝承的な「モノ」を取り巻く作り手と使い手の関係や、素材と加工などについて勝手な考えをめぐらせる、といったことを始めたのでした。

　これらの採訪は、なんといっても個人的な関心から始めたものですから、当初は自宅から通える東京都下の青梅街道や甲州街道沿い、あるいは埼玉県の山沿い、比企や高麗の村々を訪ねるといったものでした。もっとも、鍛冶屋がどこで営業しているかということは、そう簡単にわかるものではありませんから、尋ね尋ねてようやく到達、なんとか話を聞ける、ということもあれば、やっと尋ね当てると、ちょうど物入りにぶつかって今日は空振り、といったことも少なくありませんでした。

　そんななかで、最も頼りにできたものは電話帳でした。

　拡声器で呼び出す共同電話ではない、本格的な電話がようやく村々に普及して、八百屋・食堂・酒屋・大工・保険事務所などを区分した職業別電話帳も作られました。そして、その分類には「鍛冶屋」という項目が含まれていましたから、ここに記載されているところを訪ねる方法が、なかなか有効だったのです。

2　鉄器と地域差

　それから東北地方に出かけるようになって、やがては近畿・中国・九州などに採訪地を拡大していき、新しい地域に行くたびに地域が異なると鍛冶仕事も異なることに気がついて、作るもの・作る技術の差異に興味を覚えたのでした。

　当該地域の人々は、自分たちの暮らし方はごく標準的なものである、と考

えていることが多いものです。熱帯や砂漠のような外国のことならばいざ知らず、日本列島のうちにそんなに大きな相違があるはずがないと、自分たちの周囲の様子に引き付けて暮らしぶりを推測しています。しかし、実際には、鍬・鎌・刃物のような卑近な日常の用具は形や見かけの上だけからいっても相当の差異があって、それに伴って作り方も異なっていることが、鍛冶屋を見て回るとよくわかります。そんなことで、やがては東南アジア・南アジア・中国などにまで足を伸ばすことになり、結果的にずいぶんたくさん、鍛冶屋を見物して歩くことになったのです。

例えば、魚をさばくものに出刃包丁があります。

私たちが普通にみかける出刃包丁は刃表と刃裏の作りが非対称で、鋼が片側に寄っており、そのために「片刃刃物」に分類されています。そして、この非対称は右手使いに適した向きに鋼が付いているために、左利きの人にはとても使いにくいものなのです。

ところが、南九州や四国に行って出刃包丁を作っている鍛冶屋を訪れる（あるいは金物屋の店頭に並んでいるものを見る）と、この地域では刃表と刃裏が対称に作られていて、鋼が真ん中に入っていることを知ってびっくりします。さらにいえば、これらの地域の沿岸は鰹節作りが盛んだったところでしたから、鰹の身をそぐのに専用化した刃物がいくつかあるのですが、それらもすべて同じ左右対称の作りなのです。

この形式のものを、先に述べた「片刃刃物」に対して「両刃刃物」といいます。東京や京都などでは、両刃の家庭刃物といえば、薄刃の菜切り包丁があるくらいで、あとはすべて片刃で作られています（もっとも最近はステンレス製の洋式包丁が普及して両刃の利用がかなり増えてきていますが）。

そして、「片刃刃物」は地金の片側に鋼を貼り付けたもの、いわゆる「付け鋼」ですが、それに対して「両刃刃物」は、あらかじめ地金に割りを入れておき、そこに鋼を差し込んで鍛接する作り方、いわゆる「割り鋼（割込み鋼）」になっていて、実は形が違うばかりではなく、構造的な違いから生じる使い勝手の相違も大きいのです。

こうした点に気をつけて見て回ると、やがておいおいと日本列島には、「片刃刃物」と「両刃刃物」あるいは「付け鋼」と「割り鋼」の使い分けの複雑な

地域分布があることがわかってきました。

　ここで詳しくはお話できませんが、ごく大雑把にいえば近畿地方以東は「片刃—付け鋼」が優勢で、中国・四国・九州地方は「両刃—割り鋼」が優勢であるといえます。

　例えば、薩摩半島の加世田は鍛冶の盛んなところで、特に鎌作りが有名でしたが、ここの鍛冶屋が「片刃—付け鋼」の技術を身に付けたのは、全国的に売れる特産品にするには、播磨以東で使われている「片刃—付け鋼」にしなければならないことに気がついて、播州（小野一帯が鎌の一大産地でした）から人を呼んで、あらためて「片刃—付け鋼」の技術指導を受けてからです（この場合の主たる製品は薄鎌（稲刈り鎌）でした）。南九州の在来の鎌（地鎌）は両刃作りでした。一方、播州は片刃鎌の産地で東海地方から相模あたりまでを販路にしていましたが、両刃鎌はまったく製造していませんでしたから、九州などに売り広めることはありませんでした。

　とはいっても、このような「片刃刃物」と「両刃刃物」（あるいは「付け鋼」と「割り鋼」）の分布は、刃物の種類によって違いがあるということもわかってきました。鎌・鉈鎌・鉈では様相が異なり、鎌は「付け鋼」、鉈は「割り鋼」と使い分けている地域もあるのです。

3　鎌の使い卸し

　鎌はすぐに切れなくなりますから、絶えず砥石を掛けながら使うもので（これには草の刈りかたの違いも関わっていますが）、草刈りに山へ入る人はいつでも研げるように腰に砥石をぶら下げていました。切れない鎌を使うと力で草をちぎることになって、能率は落ちるし、疲れやすいのです。

　言い換えれば、鎌は研ぎながら使用するものとして作られていて、研ぎ進むに従って刃先が減っていきます。そして、この減り方が「片刃—付け鋼」と「両刃—割り鋼」では異なるのです。

　「片刃—付け鋼」は刃裏に鋼を張りますが（地域によっては反対の刃表に鋼を張るところもあります）、工夫してできるだけ深く峯の近くまで鋼が入るように作っておけば、研ぎ進んでわずかに峯ばかりになったものにも鋼が残っており、その鋼には「焼き」が入っていますから、切れる状態が保たれます。

しかし、「両刃―割り鋼」は地金の幅の３分の２程度の深さまで割を入れて、そこに鋼を仕込むために、あまり研ぎ減ると鋼が尽きて切れなくなります。この相違から「使い卸し」の仕組みが違ってきて、鎌そのものの形も異なるのです。すなわち、東日本（中部・関東地方以東）の「片刃―付け鋼」の鎌は刃幅の広い鎌にして、片手刈りをする場合に刈った草が容易に手元に集まるように作られていますが、この広幅鎌は、研ぎ進むにともなって刈る対象を換えていき（草から麦、麦から稲など）、研ぎ進んでほとんど峯だけの状態になったものを稲刈鎌として用いていました。「両刃―割り鋼」の普及している地域では、そういう使い卸しはできず、比較的に早くから稲刈の専用の鎌（稲刈鎌）が登場します。

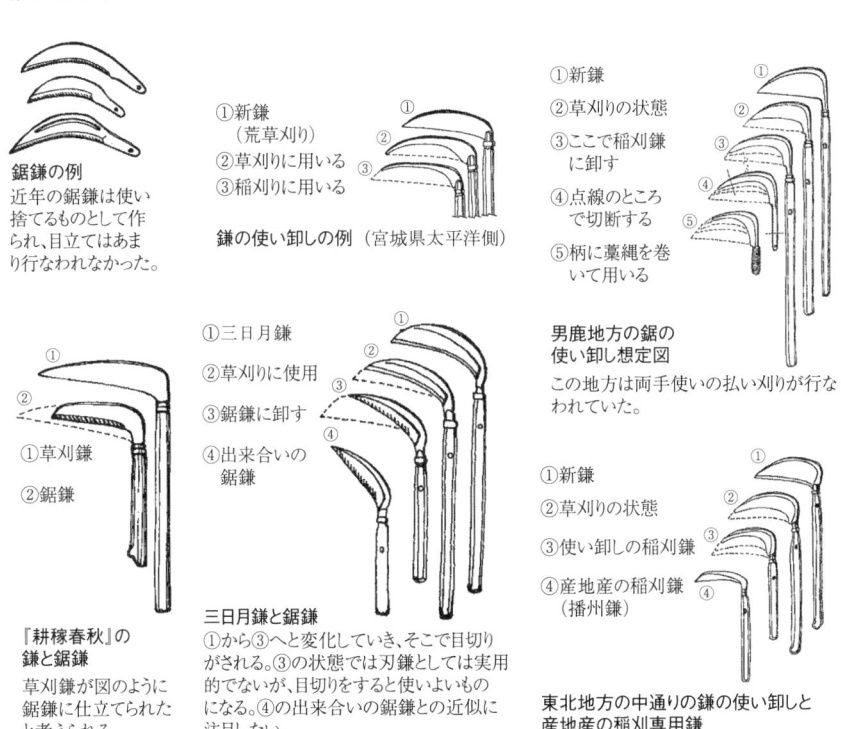

図１　鎌の使い卸しの例

刃物の直し・使い卸しは刃先の形状・構造によって異なる。日本の鎌は直しを行なわないで使い卸す点に特徴があった。多くの外国の例は焼き直し・刃の付け直し（特に鋸鎌）を行なう場合が多かった。

4　鍬先も減る

　鍬先も当然ながら使い減りするものです（特に砂地・石地では）。「延喜式」という古い時代の宮廷のありかたを記した書物に鋤先・鍬先が登場して、3年に一度古くなった（先の減った）鋤先・鍬先を回収して、新品と交換するという記載がたびたび登場します。この書物には、犂や竈などの場合にも、年季を限った新旧の交換を行なう例が登場しますが、最も目立つものは鋤先・鍬先です（ここでは鋤先・鍬先と書き分けていますが、実はモノとしては同じで、鋤鍬の相違は柄の付け方の違いから生じます）。このような新旧交換の慣行の存在（実態がどの程度伴っていたかは不明ですが）がわかっていたので、一時期、鋤先・鍬先の新旧交換に関心を抱いて類似の事例を調べてみようとしたことがありました。

　と言うべきか、最初に少し触れた東京都下や埼玉県の鍛冶屋めぐりを始めた頃に一番惹き付けられたことは、古くなった鍬先をどのように取り扱うかということでした。

　この地域はローム層の畑作地帯で「マンノウ」と称する股鍬が普及しているところです（それ以前は「イグワ」などという大型の踏鋤を用いていたところが多く、同時に平鍬も使っていました）。

　股鍬にはふたつの形式があって、ひとつは耕起（ウナイ）用の4本鍬ですが、これを「ウナイマンノウ」と言っていました。もうひとつは3本鍬の「サクリマンノウ」で、麦の畝立て・土寄せに用いるものでした（これ以前はふたつの平鍬「ウナイ鍬」と「サクリ鍬」が同じように使い分けられていました）。

　歳の瀬に鍛冶屋を訪ねると、このふたつのマンノウ鍬が仕事場いっぱいに集まっているのに出会うことがありました（当時はすでにウナイには耕運機が導入されていましたから「ウナイマンノウ」は少なく、桑畑の下さらえや麦の土寄せに用いる「サクリマンノウ」が多かったのですが）。と言うよりも、この時期から春先にかけては、どこの鍛冶屋にも鍬があふれていて、足の踏み場もなかったといったほうがよいでしょう。

　そして、いくつもの鍛冶屋から話を聞いてやがてわかってきたことは、この地域に鍛冶屋商売が広がったのは、実はこの「マンノウ」の普及が関わって

おり、その再生が鍛冶屋の主要な仕事であったということです。

　暮近くになると、一年間使って磨耗した鍬先が鍛冶屋に持ち込まれます。この鍬を春先までに修理して翌年の野良仕事に間に合うようにするのが鍛冶屋の仕事で、それが不可欠のことであったから、村々に一定の広がりを持って鍛冶屋が分布するようになったのです。

　こうした鍬先の直し仕事を「サキガケ」あるいは「サイガケ」などといっており、それは日本中に広く普及して慣行化していたといってよいのです。

　そして、この「サキガケ」の慣行は、近世以来よく知られていることであり、そのために多くの農書にも取り上げられていて、重要な農具の手入れ法であるとされていました。

　実はこのような鉄製農具の修理再生の必要が、近世・近代を通して野鍛冶が村々に拡散・展開していく主要な動機であって、具体的には出職慣行から出職先への定着となって表われるのです。ですから、先に触れたマンノウの直し鍛冶屋の普及は、関東地方におけるその一例であった、ということになります。

　ここでは「新旧交換」ではなくて「修理再生」が、農具管理の重要な方法として慣行化していたわけですが、それでは「新旧交換」は昔の話であったのかというと、そうではありません。

　新潟県の高田や柏崎（現上越市）、あるいは信濃川流域の町々にも野鍛冶が点々と営業していましたが、訪れると、仕事場の脇の壁にたくさんの鍬がかかっているのに出会うことがありました。

　しかし、それは農家から鍬が修理再生（サキガケ）のために集まってきたのではなく、すべて鍛冶屋の所有物でした。そして、それは鍬先（新しくは柄の付いた鍬）を春先に農家に貸し出す、そのために作り溜めておいたものだったのです。この商いの仕組みを「貸鍬」といいました。これを今風にいえば「レンタル鍬」といってよいでしょう。ただ「レンタカー」と異なるところは、鍬は使うと消耗が激しい（車も手入れの必要があるには違いありませんが）という点で、多くは一年で使い尽くしますから、歳の暮には使用料の徴収と磨耗した鍬の回収を行なって、春先までに修理再生して、これを再び貸し出すのです。

　磨耗の少ないものは翌年も引き続き貸し付けておくことがあり、さらにも

う1年という場合もあります（当然ながら継続借受けは賃料が安くなります）。すなわち、2年続けて貸す鍬は「2歳鍬」、3年続けると「3歳鍬」ということになるのですが、最長が3歳であったといいます。鍛冶の町であり問屋町でもあった三条では、幕末には、直しや新規の製造を町方の鍛冶職人にゆだねて、商いとして大量の鍬を貸し出す「貸鍬屋」が生まれて、遠く奥会津や会津本郷あたりにまで出掛けた時代があったといいます。

5　外国にも使い卸しや直し鍛冶はあったのか？

　職場の都合やなにやらが重なって、村々をのんびり歩き回ることが難しくなってくると、今度は外国に出掛ける機会が増えてきました。

　はじめは改革開放政策の始まったばかりの中国や緑の革命直後のインドネシアなどでしたが、結局は韓国、タイ、マレーシア、ネパールなど、あちらこちらの鍛冶屋を訪れることになりました。

　そして当然のことですが、どのような文化であれ「鉄器を使うということは磨耗と付き合うことである」ということ、いいかえれば「鉄器文化とはすなわち古鉄文化」である、ということを知ったのです。

　しかし、このことの具体的な仕組みや技術は多岐にわたっており、これまで国内の例として示してきたものと同じであるとは限りません（もちろん、同じような事例も少なくありませんが）。

　鍬・鎌など具体的にみると実に多様で、外見は同じように見える場合にも、少し使い方を観察して、さらに再生の方法を調べたりしてみると、色々な相違があることがわかります。そして、さらには、それらにもさまざまな歴史的な変遷があって、その結果として私たちの観察の及ぶ今日的な姿になっていることがわかってきます。

　例えば、中国雲南省などには鋸鎌が普及している地域があります。

　そういうところの再生はいったん焼なまして、鍛え直し、鏨で目を切って、改めて焼入れをする、という一連の作業を行なっています（日本の鋸鎌の使用は比較的に新しく、使い捨ての稲刈鎌として普及していきます）。

　刃鎌が普及している地域の場合も、同じように「焼なまし・鍛え直し・焼入れ」を行なっていることが多く、先に触れた東日本の「片刃―付け鋼」の広

この地域の鍬先・刃物

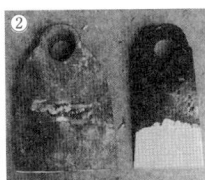
ふたつのヒツ型鍬先

①右の3点が伝承的な鍬先。左の3点が量産製品とその改良品。

②広幅の鍬先は工場でつくった量産品である。鍬先中央が破損したので溶接で修理した。幅の狭いものは、量産品の両端を切断して、刃幅を狭くしたもので、刃先に銀ペンキを塗って新品らしく仕上げてある。幅広のものはこの地域の農業事情に見合わないといい、この鍛冶屋の主たる仕事は、この再生品の製作である。

中国・雲南省麗江の鍛冶

店頭に並ぶ量産製品

店頭に並ぶ鍛冶屋の製品

①ずらりと並んでいるのは昆明の工場で作られた鍬先である。それぞれ商標が貼られている。

②量産製品の下段にはこの周辺の鍛冶屋が作ったものも置いてあり、なかには量産製品の再生品も含まれる(右の2点)。

中国・雲南省麗江の金物屋の鍬先

改良型U字型鍬先

改良ヒツ型鍬先

①本来は木の股を利用して柄に刃先を固定していたが、そこにヒツ型鍬先の影響が入り、鍬先と柄の中間に鉄の鍬台を付けるようになった。この鍬先は「割込み刃金」でできている。

②使用地によって形態が違うが、そればかりではなく、刃先の作り方も異なる。「割込み刃金」を用いる場合と「全鋼」を用いる場合があり、これによって焼入れ方法も異なってくる。

インドネシア・西ジャワの在来型鍬先と改良型

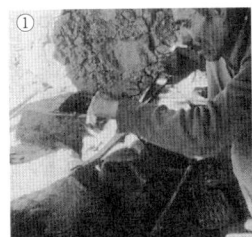
鍬のヒツ直し

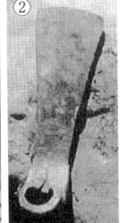
接合したヒツ型鍬先

鉈鎌に焼きを入れる

①ヒツのはがれた鍛接部分に赤土を塗って天然硼砂(近くの川から採った石を砕いて使う)をふりかけている。その上で、火炉で加熱して強打・接合する。

②こうした修理はすべてビスタ慣行によって行なわれるから、その都度修繕費は徴収しない。

③注文して作らせた鉈鎌に焼きを入れるところ。左手で加熱した刃物をもち、右手の水差しから刃先だけに水を注ぐ。
なかなかタイミングが難しそうである。

ネパール・チャハラ村の鍛冶(カミ)

図2　外国の鍛冶

刃鎌のように、研ぎ減るにまかせて使い卸していく、といった方法は成り立ちません。なぜならば、中国山間地域や南アジア・東南アジア・朝鮮半島の多くでは、鋸鎌も刃鎌も全鋼で作られており、焼入れは刃（あるいは鋸目）の先端にしか施せないからです（刃先先端だけを急冷して、峯の余熱を利用して焼戻しを掛ける方法です）。この方法では焼きの入っている部分が刃先の先端に制限されているので、研ぎ卸しに伴って焼入れ層が尽きると切れなくなり、再度の焼入れが必要となるのです。

　したがって、このような地域の鍛冶屋の場合には、刃物を再生する仕事が重要であって、そこから特別の役割を持つ存在になっている場合が多いのです（もちろん、鋤先・鍬先の再生に関わる場合もありますが）。

　韓国の鍛冶屋は定期市に関わっていました。

　日本でも六歳市・恵比寿市などで鉄製農具が商われていました。ジャワやスマトラのパサール（市）でも必ず鉄物商いがおり、ずいぶんとたくさん見て歩きました。市日が決まっているので、鍛冶屋はそれに併せて製造し、当日、朝早くから荷を担いで市に出掛ける、という場合も少なくありませんでした。市日に鍛冶屋の集住する村を訪ねると、女子供ばかりで閑散としている、ということもよくありました。

　しかし、朝鮮半島の市の鍛冶屋の様子は、これらとは少し異なります。

　なぜならば、鍛冶屋が市に持ち込む刃物（主要なものは薪刈り用の鉈鎌）には焼きが入っておらず、購入した客の目の前で焼入れをしてそれを渡す、というものだったからです。買った客はその場で砥石を借りて研ぎ、焼入れの出来具合を確かめて持ち帰ります。焼きを入れるためには加熱炉や冷却用の水が必要です。

　朝鮮半島の市の鍛冶屋の役割はこれにとどまりませんでした。薪の採集などで鉈鎌が特別に重要な刃物であった山間地の村々では、山を降りて市に出掛ける者が、村中の古鎌をまとめて市まで運び、そこで鍛冶屋に鍛え直させ、焼きを入れ直させて持ち帰る習慣がありました。そして、実はこのような直し仕事の需要のほうが新しい製品を求めるよりもはるかに多かったといえるのです。

　こうして鍛冶屋は、日を違えて開かれる市を巡回して営業するようになっ

ていきました。市にはそれぞれ鍛冶小屋が付属していたのです。

　私がこうした市を訪ねて歩いたのは80年代末期から90年代の初期のことでしたから、すでに市の鍛冶屋は激減しており、辛うじて風雨に晒された鍛冶小屋の跡を見ることができたり、市の脇に移り住むようになった鍛冶屋から昔の話を聞くことができた、という程度でしかなかったのですが、このような市の鍛冶屋は李朝時代から延々と続いてきたものでした。朝鮮半島の鍛冶屋も刃物の修理を行なうものだったのです。

　北インドやネパールにはビスタという慣行があります。

　ご存知のように、鍛冶屋（「カミ」という）は、ヒンドゥのカースト制度では最も下位に位置付けられており、ネパールのヒンドゥ教徒の村落（チェトリ・バフンの村）でもこの差別は厳しく存在します。ネパールの鍛冶屋カーストは、このほかにネワール社会（カトマンドゥ・パタン・バクタプールなどの人々）にもあり、こちらは「ナカルミ」といって一般的な職人カーストに属しており、低位カーストとはされていません。いわゆる「パルパティ」という農村の人々と、カトマンドゥなどに住むネワールの人々とはカーストの仕組みが異なるのです。

　パルパティの農民は基本的にはチェトリ・バフンといった上位カーストに属する人々によって集落を構成しており（出自を異にするいわゆる少数民族を含むこともあります）、その周辺に裁縫師・銀細工師・鍛冶屋などの下位カーストが存在する、というものです。そして、鍛冶屋の場合にはこのチェトリ・バフンの村落に隣接して、あたかもその付属であるかのように鍛冶屋（カミ）だけの集落を作っていることが多いのです。カトマンドゥ盆地のなかにもこのような鍛冶屋の村が点々と存在します。

　私はこうした鍛冶屋の村に泊まって仕事を見せてもらっていたのですが、こういう時に、たまたま本村にあたるチェトリ・バフンの集落のほうに立ち入ると、それまでちらほら見かけた人影が村の道からまったく消えうせて、どうも私を避けているように感じられます。しかし、その一方で、戸影から私の様子を窺っている気配も強く感じられます。カミの家に泊まる異様な外国人と思われていたのでしょう。

　なぜカミが農村の周辺に集落を作っているのかというと、やはり農具の修

理を行なう必要があったためです。鉄の仕事は低位カーストに属するカミが行なうものですから、他の人々はまったく手をつけません。鉄仕事が卑しいからカミの領分になったのか、カミが行なうから鉄の仕事が卑しくなったのか、どちらが先かは判然としませんが、いったんこのような仕組みができ上がると、農村はその周辺にカミを引き付けておかなければなりません。

　そして、このカミは主として直し仕事に従事するのですが、その仕組みがビスタといわれるものです。農家は特定のカミと年間契約を結んでおり、カミはこのような顧客を百数十軒抱えているものです。必要なものは全部直すのですが、いちいち直し賃を払ったりしません。その直し仕事は主に草刈鎌を鍛え直して焼入れをすることです（新品を作る時は、顧客が鉄材料を持参して加工賃を払うので、ビスタの範囲外となります。そのために鉄商人が村外れで営業していることがあります）。また、カミは祭りに際して食物などのお布施を受けて、呪術的なことにも関わっており、祈祷に従事することもあります。

6　まとめにかえて

　このように、村の鍛冶屋は農業社会で重要な役割を担っていたのです。

　農民と鍛冶屋の社会的な関係や、かれらが保持する鉄の技術は地域によってさまざまでありますが、どこでも修理再生が重要な部分をなしており、そのための仕組みが必要であったことが、鍛冶屋の仕事場を訪れることによって知ることができたのです。その具体像はそれぞれとても興味深いものばかりでした。

　実は、琉球王府時代の沖縄では、在村鍛冶役の制を設けて直し仕事に従事させてきました。本当はこのことにも触れたかったのですが、今日は時間の都合で扱うことができません。

　あらためて機会を得て、沖縄の在村鍛冶役の成立や変遷についてご紹介できればと思っています。

基調講演
中国古代鉄器の起源と初期の発展

中国社会科学院考古研究所

白 雲 翔

はじめに

　鉄、それは人類史上出現した革命的で最も重要な金属です。古代社会においてはその他のどんな金属あるいは非金属の歴史的作用とも比較にはなりません。鉄器の出現は、人類史において1つのまったく新しい時代—鉄器時代を創始したのです。このことから、鉄器の起源と古代鉄器文化を探求することは、古代社会の歴史や文化の研究において重要な分野となったのです。

　古代東アジア世界において、鉄器は中国で最初に出現しました。その後、徐々に東北アジアや東南アジアなどの地域に伝播し、東アジアの鉄器文化が出現し、発展したのです。このことから、中国古代の鉄器の起源と初期の発展を研究することは東アジア全体の鉄器文化の起源と発展を研究するカギとなるといえます。中国古代鉄器の起源と発展について述べると、考古学的発見と研究にもとづき、新疆地域と広義の中原地区（黄河中下流域と長江中下流域を中心とする地域）に分けることができます。つまり、新疆地域の初期鉄器を代表とする「西北系統」と中原地域の初期鉄器を代表とする「中原系統」です（白雲翔2004a）。中原系統はまさに古代中国における独特の鋼鉄技術の体系と鉄器文化の伝統を代表しています。それだけでなく、東アジアその他の地域の鉄器の起源は、中原系統の直接の影響の下で発生したのです。

　ここでは考古学の発見をもとに、冶金学の成果を加えて、中原系統の鉄器を中心とする中国古代鉄器の起源と初期発展について論述します。東アジアの古代鉄器起源と発展研究の一助となれば幸いです。

1 殷代から西周時代の鉄器と製鉄技術の起源

中国において、考古発見の古代鉄器で最も早いのは、殷代と西周にまで遡り、製鉄技術の起源を検討できる実物の資料が多く出土しています（図1）。

(1) 考古学上の殷代鉄器の発見

殷代（紀元前16～前11世紀）の鉄製品は、これまでに3地点から計4点が発見されています（図2）（白雲翔　2005）。すべて銅体鉄刃器で、銅体鉄刃鉞と銅内鉄援戈とがあります。

銅体鉄刃鉞は、計3点あります。鉞の体部は銅製で、刃部は鉄製です。1点

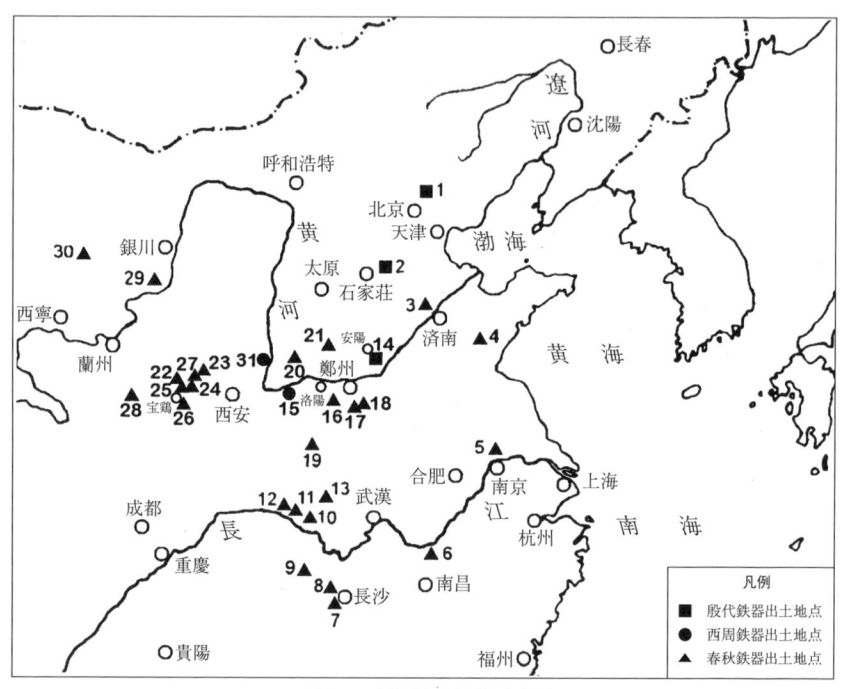

図1　中国早期鉄器分布図

1：平谷県劉家河　2：藁城県台西村　3：長清県仙人台　4：沂水県石景村　5：六合県程橋
6：九江市大王嶺　7：長沙市龍洞坡　8：長沙市楊家山　9：常徳市徳山　10：江陵県紀南城
11：宜昌県県上磨垴　12：秭帰県柳林渓　13：荊門市響鈴崗　14：浚県辛村　15：三門峡市虢国墓地　16：登封県王城崗　17：新鄭県鄭国公墓区　18：新鄭市唐戸村　19：淅川県下寺　20：曲沃県天馬―曲村　21：長子県牛家坡　22：隴県辺家荘　23：長武県春秋墓　24：鳳翔県秦公1号大墓　25：鳳翔県馬家荘　26：宝鶏市益門村　27：霊台県景家荘　28：礼県秦公墓地　29：中衛県双瘩村　30：永昌県蛤蟆墩

は、1972年河北藁城県台西村殷代墓から出土しています（図2-1）。内に1つの円形の孔があり、欄の外側、両面に均しく2つの乳釘文が装飾されています。残長11.1cm、欄部幅8.5cm、鉄刃は隕鉄を用い加熱鍛打後、鉞体部に象嵌が見られます。年代は殷代中期です。1977年北京

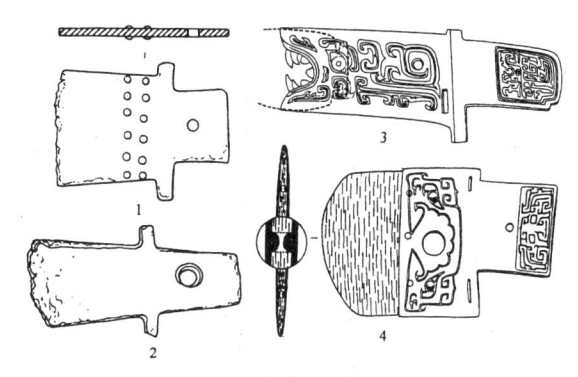

図2　殷代の鉄器
1：銅体鉄刃鉞（藁城県台西村）　2：銅体鉄刃鉞（平谷県劉家河）
3：銅内鉄援戈（浚県辛村 FGA34:11）
4：銅体鉄刃鉞（浚県辛村 FGA34:10）

平谷県劉家河殷代墓から出土した1点は、内に1つの円形の孔があります（図2-2）。残長8.4cm、欄部幅5cm。鉄刃は隕鉄を鍛打して製作しています。年代は殷代中期です。伝河南浚県辛村出土の1点は、内が上部に偏り、末端に龍文を装飾しています（図2-4）。内の中ほどに1つの円形の孔があり、欄部は上下に突出しないが、外側に細長い孔が2つあります。残長17.1cm、幅7cmで、鉄刃は隕鉄を用いて鍛造加工し、鉞体部に象嵌をしています。年代は殷末です。

銅内鉄援戈は、わずか1点しか発見されていません。伝浚県辛村出土とされる資料で、残存長18.3cm。鉄製援部は隕鉄を用いて鍛造加工を行なっています（図2-3）。年代は殷代末です。

これまで発見された殷代の鉄製品は、明らかに共通する特徴を備えています。それは、鉞や戈類の兵器に限られるということです。その器体は銅製でわずかに刃部は鉄製です。鉄刃部は隕鉄を鍛打した後、銅製の器体の上に象嵌しています。その年代は殷代中期から後期で、発見地は今の華北地域に集中しています。すなわち、それは殷王朝の北部地域です。このことから見ると、中国において人工製錬の発明以前に、遅くとも紀元前1300年前後には人々は鉄金属の性質に対する知識を持って、自然隕鉄の加工と利用を始めていたことになります。

(2) 考古学上の西周鉄器の発見

　西周時代（紀元前1046～前771年）の鉄製品は、これまで2ヶ所であわせて7点が発見されています（白雲翔 2005）。銅内鉄援戈、玉柄鉄短剣、銅骹鉄葉矛、銅銎鉄刃錛、銅柄鉄削刀などがあります（図3）。そのなかで、陝西韓城県梁帯村周墓から発見されている1点の銅柄鉄削刀（陝西省考古研究所 2006）以外のすべては、三門峡市虢国墓地から出土しました。年代は西周晩期で、紀元前800年前後です。

　銅内鉄援戈は2点あります。三門峡M2009：703（図3-5）は、残長19cm、銅製援の根部と内の正面と背面にはトルコ石によって象文など鋳の文様が象嵌されています。銅内と鉄援は鍛接されており、鉄援部分は隕鉄製品と鑑定されています。三門峡M2001：526（図3-4、口絵1）は、残長17.4cm、銅製援の根部と内の正面、背面には均しくトルコ石片が象嵌されています。鉄援と銅内は鍛接されており、鉄刃は人工の塊錬鉄製品と鑑定されています。

　玉柄鉄短剣は1点あります。三門峡M2001：393（図3-1）で長さ34.2cm、鉄剣の身長22cm、銅芯と玉柄は象嵌と組み合わせてつながれており、鉄剣身は塊錬滲炭鋼製と鑑定されています。

　銅骹鉄葉矛は1点あります。三門峡M2009：730（図3-2）で銅骹と鉄葉によって嵌接しており、破損していますが、鉄葉は残長12.7cm、幅2.9cmで、鉄葉は塊錬滲炭鋼製品と鑑定されています。

　銅銎鉄刃錛は1点あります。三門峡M2009：720（図3-3）で残長11.3cm、刃部幅2.6cmで、銅製竪銎と鉄製刃部は鍛接されています。錛身

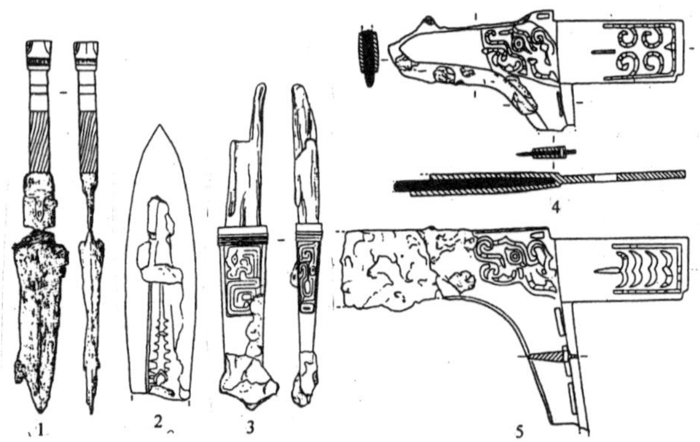

図3　西周時代の鉄器

1：玉柄鉄短剣（三門峡M2001：393）　2：銅骹鉄葉矛（三門峡M2009：730）　3：銅銎鉄刃錛（三門峡M2009：720）　4・5：銅内鉄援戈（三門峡M2001：526、M2009：703）

の正面と背面には龍文が鋳出され、竪鑿内には木柄が残留しています。鉄刃は隕鉄製品と鑑定されています。

銅柄鉄削刀は2点あります。韓城県梁帯村 M27 出土例と三門峡市虢国墓地 M2009：732 で、銅製の刀柄に鉄製の刀身で、両者は鍛接されています。三門峡 M2009：732 は長さ 11.2cm で、鉄製刀身は隕鉄製品と鑑定されています。

これまで見てきた西周の鉄器は、すべて銅（玉）複合製品の鉄刃の部分です。鉄刃と銅製器体は鍛接あるいは嵌接されています。年代は西周晩期です。発見地は河南省西部と関中東部の黄河沿岸に集中しています。殷代鉄器に比べ、2つの点で明らかに変化が見られます。1つは、人工製鉄製品が出現したことです。塊錬鉄と塊錬滲炭鋼です。もう1つは、器種の増加です。鉄製武器のなかで短剣と矛が新しく出現しただけでなく、錛と削刀などの加工具も新しく出現しました。このことから、紀元前 800 年前後の西周後期に人工製鉄が発明され、鉄器の製作は武器から生産具にまで拡大したことがわかります。

⑶ 殷代から西周時代にかけての鉄器から見た製鉄技術の起源

考古学上発見された殷代と西周時代の鉄器資料には限りがあります。しかし中国古代鉄器の起源およびその特徴については、すでに次のようなことが明らかになっています。

① 紀元前 13 世紀の殷代中期に隕鉄製品が出現しました。人間が鉄金属の性能に対してすでに初歩的な認識を持っており、隕鉄の加工と利用を始めていたことがわかりました。自然隕鉄の加工と利用により、鉄金属の知識が積み重ねられ、人工製鉄を発明する基礎がつくられました。

② 紀元前 800 年前後の西周晩期に人工鉄製品が出現しました。人工製鉄がついに発明されたことになります。製鉄業発生の初め、採用されたのは塊錬鉄技術です。世界の他の製鉄起源地の最初の製鉄技術と同じです。しかし、塊錬鉄製鉄技術発生と同時かあるいはまもなく塊錬滲炭鋼技術が発明されました。こうして、人工製鉄の実際の活用のための技術的基礎が固まったのです。

③ これまでのところ最初の人工製鉄製品は、すべて河南西部と関中東部の黄河沿岸の一帯で発見されています。このことから、中国古代人工製鉄の最初の起源地は、おそらく今の豫西、晋南と関中東部一帯と考えら

れます。この一帯はまさに周文化の中核地域です。
④　最初の人工製鉄製品は、自然隕鉄製品の製作技術と伝統を継承していました。銅兵器の刃部の製作に鉄を用いたのです。まさに人工製鉄発生前後、鉄金属の活用が加工具の製作にも拡がり始めたことになります。
⑤　自然隕鉄製品にしても最初の人工製鉄製品にしても、当時はすべて貴重でまれなものでした。このことから、その使用は高級貴族などの社会の上層部に限られていました。

2　春秋時代の鉄器と鋼鉄技術体系の始まり

　春秋時代（紀元前770～前476年）の約300年間、鉄器の種類は増え、鉄器の利用は初期の発展を遂げ、中国特有の鋼鉄技術体系が形成されました。

(1)　春秋時代鉄器の種類とその特徴

　春秋時代の鉄器は、生産工具、武器と日用器具など大きく3類に分けることができます（図4）。

　生産工具　春秋時代の鉄製生産工具には、主に伐採や木材加工に用いる斧や錛、土木や農耕に用いる钁、鏟、锸、加工作業に用いる砍刀、鉈、削刀などがあります。斧は空首斧、両面刃のものです。湖北秭帰県柳林渓H18：1（図4-16）は長さ9.5cm、年代は春秋晩期です。錛の構造は空首斧に類似しており、体部は比較的細長く、刃は片刃です。湖北荊門市響鈴崗T15③：51（図4-17）は長さ8.4cm、年代は春秋晩期です。钁は竪銎钁を持ち、竪銎の背面は凹字形を呈しています。秭帰県柳林渓H18：2（図4-18）は残長11.3cmで、年代は春秋晩期です。鏟は長方形あるいは梯形の竪銎を持ち、体は比較的広く作っています。湖北宜昌県県上磨垴T11⑤：6（図4-11）は、長さ8.8cmで、年代は春秋中期です。锸は2種類あります。1つは、凹口锸で、形状は凹字形を呈しています。秭帰県柳林渓T3③：3（図4-15）は、長さ9.1cmで、年代は春秋晩期です。もう1つは、横長方形を呈し、断面はV字形です。陝西鳳翔県馬家荘K132：1（図4-13）は幅13.2cm、年代は春秋晩期の紀元前6世紀末葉です。砍刀はわずか1点の出土です。柳林渓BT1817③：1（図4-7）は、刀身は比較的広く、残長11.8cmです。鉈は長条形を呈し、断面はV字形あるいは弧形を呈しています。湖南長沙市楊家山M65：6（図4-9）は長さ17.5cm

で、年代は春秋末期です。削刀は数量が比較的多く出土していますが、形態はだいたい同じです。その構造から2つに分類できます。1つは全鉄製のものです。荊門市響鈴崗T9③A：49（図4-6）は残長21cmで、年代は春秋晩期です。もう1つは刀身が鉄製のもので、環首は銅製あるいは金製です。山西長子県牛家坡M7：56（図4-5）は環首が銅製で、長さ11.2cmです。年代は春秋晩期です。宝鶏市益門村M2：4（図4-4）は環首が金製で、年代は春秋晩期の紀元前6世紀末葉です。

武　器　春秋時代の鉄製武器には、主に銅内鉄援戈、銅柄（あるいは金柄、玉柄）鉄短剣、鉄中長剣、鉄鋌銅鏃などがあります。銅内鉄援戈はわずかに1点（山東長清県仙人台M6GS：12）が発見されています。援は広く、胡は短く孔が3つあり、内に孔が1つあります。長さ27.5cm。年代は春秋前期後半で、だいたい紀元前8世紀末葉です。短剣は均しく銅柄（あるいは玉柄、金柄）でそのなかには銅柄鉄剣が比較的多く発見されています。例えば、霊台県景家荘

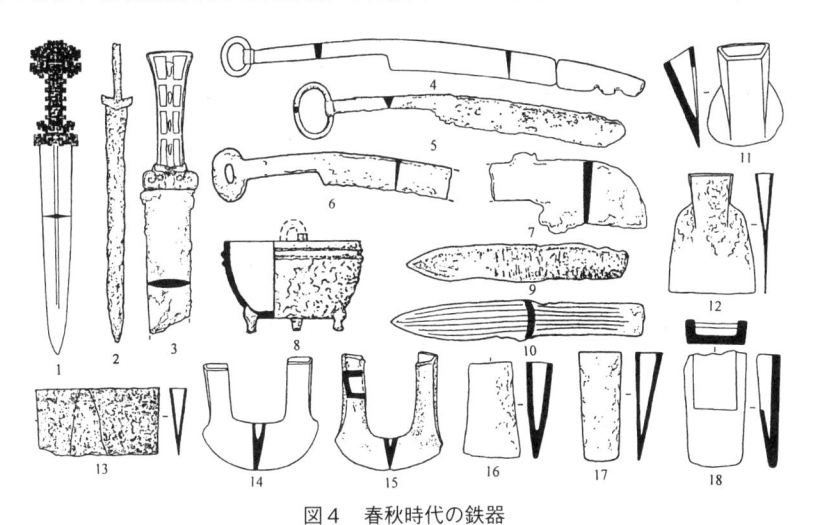

図4　春秋時代の鉄器

1：金柄鉄短剣（宝鶏市益門村M2：1）　2：鉄中長剣（長沙市楊家山M65：5）　3：銅柄鉄剣（霊台県景家荘M1：14）　4：金環首鉄削刀（宝鶏市益門村M2：4）　5：銅環首鉄削刀（長子県牛家坡M7：56）　6：鉄削刀（荊門市響鈴崗T9③A：49）　7：鉄砍刀（秭帰県柳林渓BT1817③：1）　8：鼎形器（長沙市楊家山M65：1）　9：鈷（長沙市楊家山M65：6）　10：鈷（常徳市徳山12号墓）　11：鉄鑱（宜昌県県上磨垴T11⑤：6）　12：鉄鑱（鳳翔県秦公1号大墓出土）　13：直口錛（鳳翔県馬家荘K132：1）　14：凹口錛（宜昌県県上磨垴T12⑤：1）　15：凹口錛（秭帰県柳林渓T3③：3）　16：鉄空首斧（秭帰県柳林渓H18：1）　17：錛（荊門市響鈴崗T15③：51）　18：竪銎钁（秭帰県柳林渓H18：2）

M1：14（図4-3、口絵2）は、残長17cmで、年代は春秋前期の紀元前約8世紀末葉です。金柄鉄短剣は、宝鶏市益門村2号墓で発見されています。宝鶏市益門村M2:1（図4-1）は長さ22cm、年代は春秋晩期で、紀元前6世紀初頭です。鉄中長剣はわずか1点が発見されています。長沙市楊家山M65：5（図4-2）は、全鉄製で、残長38.4cmです。炭素量0.5％前後の塊錬滲炭鋼を用い鍛造加工し、退火処理しています。年代は春秋末期です。鉄鋌銅鏃は比較的多く発見されています。三稜鏃で、年代は春秋晩期です。

日用器具　鼎形器が1点発見されています。長沙市楊家山M65：1（図4-8）は3つの矮足、双耳を残し、残高6.9cmです。年代は春秋末期で、共晶白口鋳鉄製品と鑑定されています。

考古学上発見された春秋時代鉄器を総じて見てみると、生産工具は種類が増加するだけでなく、削刀以外はすべて鉄製品になっています。武器は西周時代の鉄器の伝統を多く継承しており、多くは銅（金、玉）との複合製品です。鉄鋌銅鏃も含まれています。また、春秋晩期には全鉄製の鋼剣が出現しています。特に注目されるのは、日用器具としての鼎形器です。器形は比較的小さいけれど、日用器具にも鉄器の製作が開始されたことを示しています。

(2)　**春秋時代の鋼鉄技術**

春秋時代の鉄器の考古学と冶金学の研究は、当時の鋼鉄技術を明らかにし始めています。

製鉄技術について見てみると、1つには、製鉄技術発生の時の塊錬鉄および塊錬滲炭鋼技術を継承し発展をさせていることがわかります。天馬－曲村遺跡出土の春秋時代中期の鉄条（86QJ7T44③:3）は、塊錬鉄製品と鑑定されています。宝鶏市益門村2号墓出土の鉄短剣の残片は、塊錬鉄を用いて鍛打しています。年代は紀元前約6世紀初頭です。江蘇六合県程橋出土の春秋晩期の鉄条は、その基部が鉄素材で炭素量は0.04％以下で、塊錬鉄を用いた鍛造品です。春秋末期の長沙市楊家山出土鉄剣M65：5（図4-2）の素材は、球状炭化物を含む炭鋼です。炭素量0.5％前後を含む塊錬滲炭鋼を用いて鍛造加工し退火処理しているようです。もう1つには、銑鉄製錬技術から鋳鉄脱炭技術の発明がなされ、利用されたことです。例えば、天馬－曲村遺跡発見の春秋晩期後半の鉄器残片（84QJY12④:12）は、共晶白口鉄と鑑定されており、紀元前

700年前後に銑鉄製錬技術が発明されたことがわかります。同遺跡発見の春秋中期前半の鉄器残片（84QJT14③：3）も共晶白口鉄製品で、年代は紀元前7世紀中葉です。長沙市楊家山出土の春秋末期の鼎形器は、共晶白口鉄製品です。河南新鄭市唐戸村南崗7号墓出土の春秋晩期の板状鉄器残片も、共晶白口鉄で脱炭退火処理しています。現状では最も古い鋳鉄脱炭製品で、紀元前5世紀初め頃、鋳鉄脱炭技術が発明され使用されたことを表わしています。

　鉄器の製作技術について見てみると、鉄金属の製錬技術に適応したものがあります。1つは、塊錬鉄および塊錬滲炭鋼の冶錬技術の背景の下、鉄器製造の一種の技術としての鍛造が広く利用されました。もう1つは、銑鉄鋳造技術の発明と利用が高まるにつれて、鋳造は鉄器製造の重要な技術になり初歩的な発展を遂げました。注意したいのは、春秋晩期、鋳鉄脱炭技術の発明が、鍛造技術を液体銑鉄材料の加工のために、また鍛造と鋳造技術を組み合わせて使用するときに用いるために、その技術的な発展を切り開いたことです。

　総じて、人工製鉄技術は紀元前800年前後に発明された後、春秋時代の300年間の発展を経て、紀元前5世紀中葉に至ると塊錬鉄技術と銑鉄製錬技術が並存しながら発展し、鍛造加工は鋳造加工技術と相互に結合した中国独特の鋼鉄技術体系を形成したのです。

(3) **春秋時代鉄器の利用**

　春秋時代、製鉄技術が進歩するにつれて、鉄器の利用も発展を遂げました。

　鉄器を利用した分野を見ると、軍事と木材加工の領域での利用が継承され、さらなる発展を遂げると同時に、紀元前6世紀に鉄鏟、鉄錛などが出現するようになり、鉄器の利用が土木や農耕生産の領域にまで広がったことがわかります。長沙市楊家山の春秋時代末期の鋳鉄鼎形器の発見は、おそくとも紀元前5世紀初葉に、日用器具の製作、とりわけ容器の製作において鉄の利用が開始されたことを表わし、鉄器の利用領域が拡大したことを反映しています。

　鉄器の使用者について見てみると、鉄器の利用領域が拡大するに伴い、使用者に重要な変化が生じました。つまり西周晩期には人工製鉄発明の初期の鉄器が珍しく稀有なものであり、貴族社会の使用に限られていたのに対し、鏟や錛などの土木と農耕用鉄工具が出現したり、鉇などの普通の加工具が出現したりするにつれて、鉄器の使用者は社会上層から兵士、土木従事者、農耕民など

の労働者へ広まりました。もちろん鉄は新たな金属の一種として、依然として統治者が好み、使用するものではありました（白雲翔 2004b）。

鉄器の利用地域について見てみると、製鉄技術発生の初めの西周晩期と春秋初期は、現在の豫西、晋南、関中地方東部一帯の狭い範囲内に限られていました。しかし、紀元前5世紀初め頃の春秋末期に至ると、鉄器の利用地域は東へは山東半島中部、西へは関中地方西部および隴山地域、南へは現在の湖南長沙一帯にまで広がりました。

3　戦国時代鉄器と初歩的な鉄器工業の形成

戦国時代（紀元前475～前221年）は、中国古代鉄器が大きく発展した時期です。鉄器の種類は大幅に増加し、鋼鉄技術も継続的に進歩しました。古代鉄器工業が初歩的に形成され、鉄器の利用は急速に拡大しました。

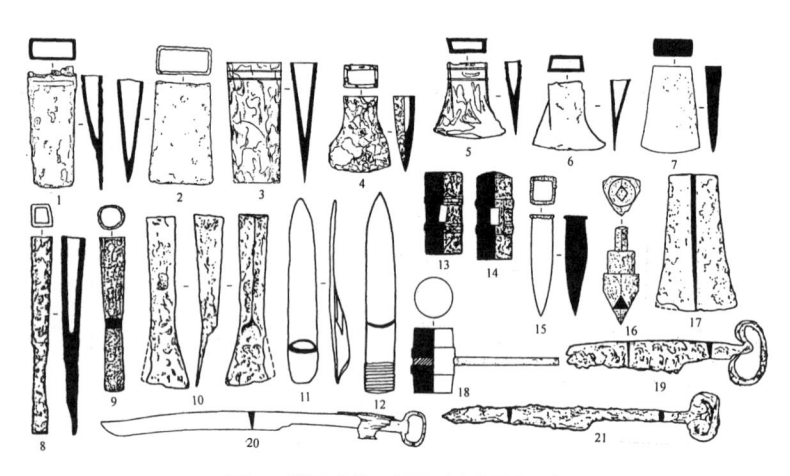

図5　戦国時代の鉄器（生産用具1）

1：錛（益陽市桃花崙 M1：1）　2：空首斧（撫順市蓮花堡 T3：91）　3：空首斧（古丈県白鶴湾 M32：1）　4：空首斧（臨潼県油王村 QZYC：01）　5：空首斧（益陽市赫山廟 M4：13）　6：空首斧（湘郷市椅子山 M52：11）　7：板状斧（成都市北郊 M3：1）　8：鑿（燕下都武陽台村 W21T76②：5）　9：鑿（洛陽市戦国糧倉 LC62：B5）　10：扁錛（燕下都 W22T4：3：14）　11：錛（長沙市楚墓 M357：8）　12：錛（雲南県李家壩 M53：8）　13：錘（燕下都 W21T82②：2）　14：錘（燕下都 W21T82② H67：3-1）　15：鑿（黄石銅緑山Ⅸ1：37）　16：銛頭（燕下都 YXD66YBB：0214）　17：鑣刀（燕下都 M31：8）　18：錐（黄石銅緑山Ⅸ1：34）　19：手鋸（燕下都 YXD66BF：0216）　20：削刀（信陽市長台関 M2：258）　21：削刀（易県燕下都 D6T29③：10）

(1) 戦国時代鉄器の類型とその特徴

戦国時代の鉄器は、おおよそ生産用具、武器、車馬具と機具、日用器具、雑用器具など大きく5つに分けることができます。

生産用具 戦国時代の鉄生産工具は社会生産の各領域にまで行き渡りました。その中で、木材伐採、木工作業、金属加工、石材採掘と加工および各種切断加工作業には、主にいろいろな形の鉄器が使用され、空首斧、板状斧、錛、鑿、扁鏟、鏟刀、鋸、錘、砧、鉆頭、衝牙、截具、鏨、鉋、多様な形の削刀、砍刀、装柄錐、環首錐、T字形器、鶴嘴斧などがありました（図5）。各種土

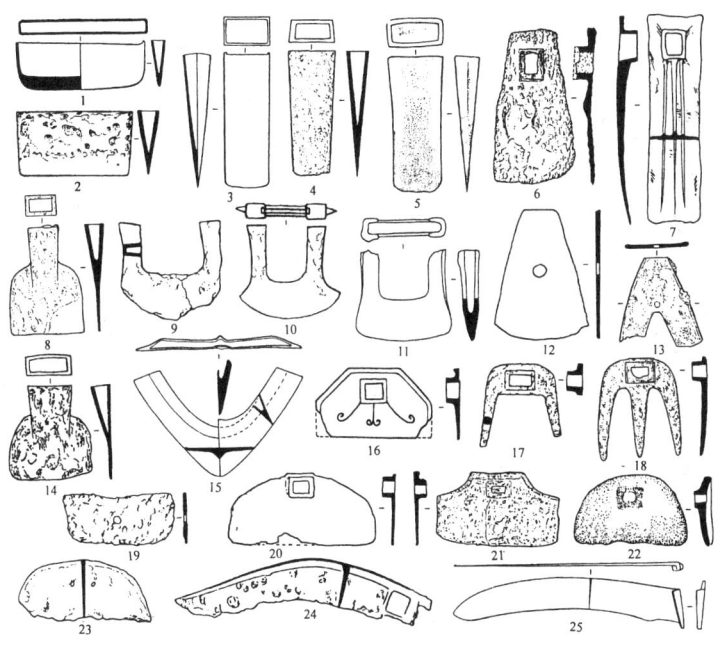

図6 戦国時代の鉄器（生産用具2）

1：直口錛（鄭州市二里岡M430：9） 2：直口錛（凌源市安杖子T2③：7） 3：竪銎鑊（当陽市趙家湖YM4：2） 4：竪銎鑊（易県燕下都LJ13T5②：32） 5：竪銎鑊（鄭州市二里岡M182：3） 6：横銎鑊（登封市陽城鋳鉄遺跡YZHT4②：8） 7：横銎鑊（唐山市東歓坨F4：1） 8：鏟（燕下都LJ10T35②：2） 9：凹口錛（宜昌市前坪M23：1） 10：凹口錛（常徳市徳山M32：B1） 11：凹口錛（長沙市楚墓M1102：6） 12：鋤板（輝県古共城鋳鉄遺跡Y1A：2） 13：人字鋤（燕下都LJ10T19②H99：1） 14：鏟（燕下都XG9T21③：1） 15：鐏冠（輝県固囲村M2：58） 16：六角鋤（黄石銅緑山IX1：30） 17：二歯鑊（燕下都YXD66YDD：0212） 18：三歯鑊（燕下都LJ10T129③：2） 19：単孔銍刀（侯馬市喬村M422：9） 20：六角鋤（淄川南韓村M9：1） 21：六角鋤（燕下都W23T1②Z1：109） 22：半円鋤（唐山市東歓坨M231：1） 23：双孔銍刀（唐山市東歓坨T30②：1） 24：鎌刀（燕下都W22T4：3：5） 25：鎌刀（輝県固囲村M2：4）

木工程、農業耕作などの土木耕作具には、竪銎钁、横銎钁、各種多刃钁、直口錘、多形態の凹口錘、鏟、六角鋤、半円鋤、鋤板、人字鋤、鏵冠、鋒刃鎌刀、歯刃鎌刀、銍刀、夯錘などがあります（図6）。鉱山採掘、製銅と製鉄、鋳鉄や鉄器製造などの鉱石製錬には、専門的にあるいは主に用いる道具として、多種類の鋳范、坩堝、斧形鑿、長柄耙、鋏具などがあります。

武 器 主に、剣、矛、戟、杖などの格闘武器、弩機廓、鏃などの遠射撃武器、甲、冑などの防護装備、そして鐏、鐓などの武器の付属部品があります（図7）。鉄剣の類型は多く、また長短の区別も比較的明確で、総長70cm以上から120cmの長剣、長さ40～70cmの中剣、長さ30cm前後の短剣に分けら

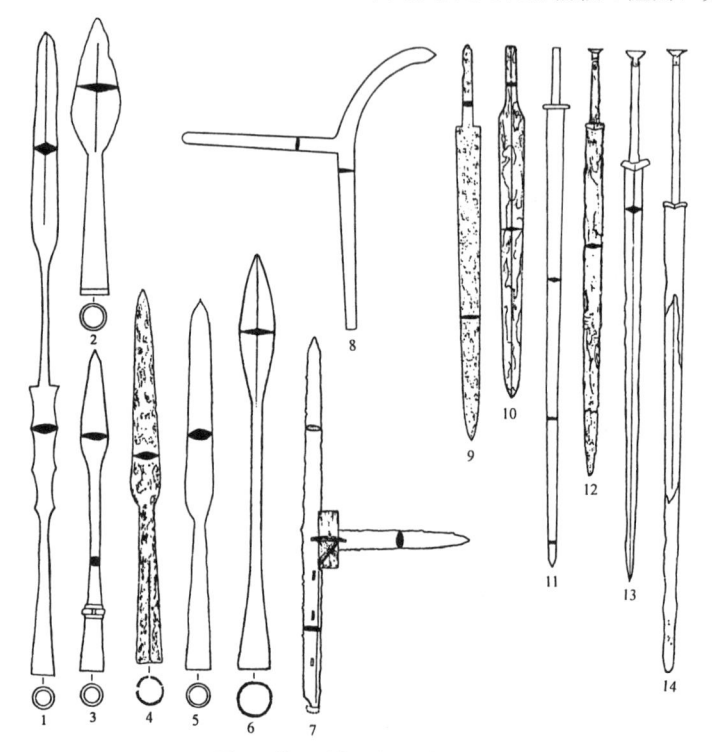

図7　戦国時代の鉄器（武器）

1：矛（易県燕下都 M44：47）　2：矛（寧県袁家村 M：01）　3：矛（燕下都 M44：69）　4：矛（燕下都 YXD67DD：023）　5：矛（燕下都 M44：48）　6：矛（楊郎馬荘Ⅲ M4：13）　7：戟（燕下都 M44：54）　8：戟（長沙市楚墓 M356：1）　9：中長剣（燕下都 LJ10T5②H17：15）　10：中長剣（古丈県白鶴湾 M24：1）　11：長剣（咸陽市林院秦墓 M11：9）　12：長剣（益陽市赫山廟 M11：1）　13：長剣（燕下都 M44：59）　14：長剣（宜昌市前坪 M23：9）

れます。矛の形態も多く、短いものは30cm以下で、長いものは66cmにもなります。戟には、卜字形と三叉形のものの2種類があります。鏃には三稜鏃、三翼鏃、双刃鏃と円錐形鏃などがあります。甲と冑は燕下都遺跡から多く発見されています。年代は戦国時代中晩期です。

車馬具と機具 馬車の鉄製部品、馬の装飾品、および古典的機具の部品などを含め、主には車釭、車錮、車轄、馬鑣、馬銜、旆首、歯輪そして鉄箍などがあります。

日用器具 家用器具、装身具と縫製具などの3種類があります。家用器具は形態的にそれぞれ異なり、鼎、双耳釜、無耳釜、鍪、勺、豆形灯、帯柄行灯、火盆などがあります（図8）。

装身具は帯鈎が最もよく見られます。このほかに、帯扣、帯飾、束髪器、簪、そして美容用の鑷子などがあります。縫製具には、紡錘車や針などが発見されています。

雑用器具 建築物と器具の装飾部品、刑具、用途多様の生産生活用具および、各種規格化された鉄材などがあります。鈎、長柄鈎、環、銷釘環、鋪首、頸鉗、脚鐐などです。

戦国時代鉄器について、総合的な考察をしますと、鉄器の種類は非常に多

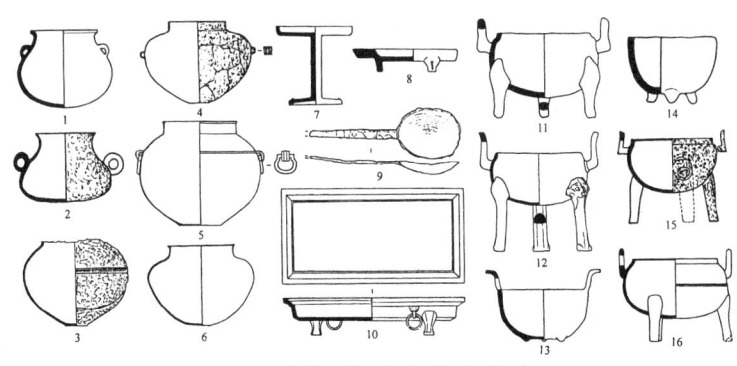

図8 戦国時代の鉄器（日用器具）

1：鍪（寧県西溝古城 NXC：01） 2：鍪（咸陽市林院秦墓 M4：7） 3：釜（易県燕下都 YXD72W：046） 4：双耳釜（江陵県紀南城 JB4：30） 5：双耳釜（荊門市響鈴崗 J2:21） 6：釜（咸陽市林院秦墓 M11：1） 7：豆形灯（咸陽市林院秦墓 M19：1） 8：行灯（咸陽市林院秦墓 M4：6） 9：勺（准格爾旗西溝畔 M2：21） 10：火盆（平山中山国王墓 M1DK：64） 11：鼎（長沙市楚墓 M102：2） 12：鼎（長沙市楚墓 M356：1） 13：鼎（鞏義倉西 M52：3） 14：鼎（長沙市楚墓 M643：7） 15：鼎（易県燕下都 YXD66D：0243） 16：鼎（大荔朝邑 M204：1）

いことがわかります。たとえば、用途は同じであっても、多種の異なる形態、あるいは異なるサイズのものもあります。生産用具は40種類以上に達し、そのうちの斧、錘、鑢、錛、钁、鋤などはすべて、多種の異なる形態のものを含んでいます。

　銅鉄の複合製品は依然存在しますが、種類と数量は劇的に減少し、そして全体的に鉄製の製品が大量に増加しました。構造と形態上、青銅器的な鉄器から乖離したのです。たとえば、横銎钁、多刃钁、六角鋤などがあります。建築物と器具の鉄製部品が出現し、次第に普及しました。各種車器、鉄箍、鋪首などがあります。また、戦国時代鉄器の地域性が出現し始めたこともわかります。直口錛、鑢、横銎钁、多刃钁、鐏冠、半月形銍などは主に北方地区で普及しました。豆形灯と帯柄行灯は、秦の地域でわずかに見られました。凹口錛は長江流域および以南の南方地区に特有のもので、歯刃鎌刀と鈚などは明らかに南方の特色を持っています。

(2) 戦国時代の鋼鉄技術と鉄器工業

　戦国時代の鋼鉄技術の進歩は、考古学的な発見と冶金学的な研究の成果にもとづき、以下の2つの側面に主に集約することが出来ます。

　鉄金属の製錬と熱処理技術の側面において、塊錬鉄と銑鉄製錬技術は併存しながら発展し、塊錬滲炭化鋼鉄技術と鋳鉄脱炭技術はさらに高度化し、利用されました。洛陽セメント工場出土の戦国初期の鉄鏟は靭性製品と鑑定されて

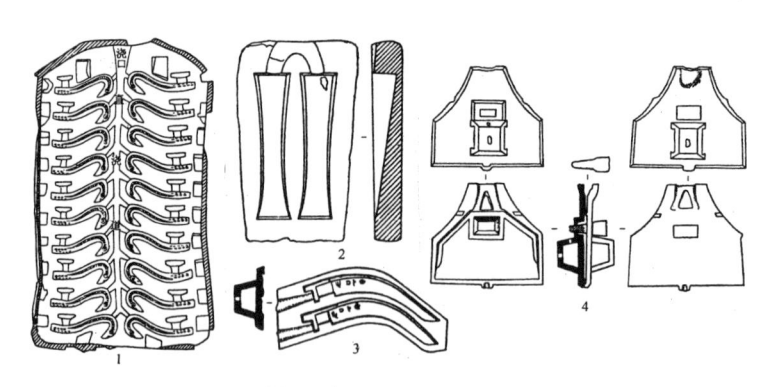

図9　戦国時代の鉄器鋳范

1：二十腔帯鈎陶鋳范（登封市陽城鋳鉄遺跡 YZHT5①：2）　2：両腔竪銎钁石鋳范（鶴壁鹿楼冶鉄遺跡 T3H2:14）　3：両腔鎌刀鉄鋳范（寿王墳出土）　4：六角鋤鉄鋳范（寿王墳出土）

います。これは、紀元前5世紀後半に靱性鋳鉄が出現したことを表わしています。登封市陽城発見の戦国前期の竪鑿鐝と板材のなかでは、3点の鋳鉄脱炭鋼製品を鑑定しました。当時すでに簡易で経済的な鋳鉄脱炭鋼製の製作技術が出現していたことになります。また板材の生産も始まっていました。易県燕下都44号墓出土鋼剣（M44：12、M44：100）と戟（M44：9）および侯馬市喬村出土鋼削刀（M7193：1）に、焼き入れしたマルテンサイトなどの金属組織が確認されました。紀元前4世紀後半の戦国中期に焼き入れ技術が出現し、したがって鋼鉄製品の機械的な性能が大いに高まったと言えます。

　鉄器の製作においては、鍛造技術と鋳造技術は並行して継続した発展を遂げています。鉄器の鋳造は、土笵鋳造と石笵鋳造とが用いられています。河北省興隆県寿王墳などの鉄笵の発見は、紀元前3世紀前半の戦国晩期に鉄笵鋳造技術が発明されたことを証明しています。戦国時代、鉄器鋳造技術が大きく進歩したのです（図9）。土笵の鋳造は、単腔鋳笵だけでなく、二腔鋳笵と多腔鋳笵とが比較的多く使用されています。登封市陽城遺跡出土の帯鈎鋳笵は、20の型腔に達します。鉄器鋳造の生産効率が非常に向上したのです。同時に烘笵工芸は戦国晩期から鉄器の鋳造を始めました。鉄器の鍛造技術の進歩は、ある側面では、塊錬滲炭鋼技術の更なる進歩がありました。易県燕下都44号墓塊錬滲炭鋼製剣の発見は、塊錬滲炭鋼技術が高度に発展したことを反映しています。別の側面では、鋳鉄脱炭工芸を代表とする鋳鉄可鍛化熱処理技術の急速な発展に従い、鍛造技術が鋳鉄素材の加工に広範に用いられました。それに伴って、鍛造技術の一大刷新としての「鍛銲技法」が遅くとも戦国晩期に出現し、急速に広まりました。さらに広範な地域の鉄器製作と使用を推し進めることになったのです（白雲翔 1993）。

　戦国時代の鉄器生産は、鉄鉱の採掘、鉄金属の製錬から鉄器の製作と加工処理に到るまで、比較的完成した体系をすでに形成していました。当時の鉄鉱石は、文献には「出鉄之山、三千六百九山」（『管子・地数』）や「出鉄之山三十四処」（『山海経・五蔵山経』）などの記載があり、目下確認できるのは22ヵ所あります。戦国時代の製鉄遺跡はすでに20ヵ所以上発見されています（白雲翔 2005）。分布は、今の河北、山東、山西、河南、陝西などの地域です。ある所は鉄鉱山の付近であったり、あるいは当時の郊外か城内で、規模は同じ

ではありません。製鉄遺跡のなかには、錬鉄炉、溶鉄炉、鋳鉄脱炭炉、烘范窯など冶鋳遺構が発見されています。当時の製鉄遺跡の生産の性格や管理組織について、考古学的な発見と文献の記載から、すでに私営の生産があり、また官営の生産もあったことがわかっています。登封市陽城鉄工場跡の面積は約2.3万㎡、また新鄭市倉城村鉄工場跡の面積は約4万㎡あり、当時の鉄器生産遺跡の規模の大きさを反映しています。明らかに、鉄器生産が古代の重要な産業として、戦国晩期にまず第一歩を踏み出したのです。

(3) 戦国時代鉄器の利用

鋼鉄技術の進歩と鉄器の生産の発展につれて、戦国時代鉄器の利用は急速に普及し拡大しました。

戦国時代の鉄器利用の普及は、社会生産領域において、まず利用領域の拡大と利用程度の向上に現われました。1つの側面では、春秋時代の木材伐採、木材加工、土木や耕作から徐々に鉱山採掘、石材採掘と加工、金属製錬、金属器の加工と製作などの生産活動において、斧形鑿、長柄耙、鋳范、坩堝、鋏具、錘、砧、鏨、截具などの鉱冶と金属加工具が出現しました。別の側面では、鉄器の応用程度の向上と工具の専門化が現われました。例えば木材加工生産において、鑿、扁平鏟、鋸、鉆頭、T形器などの専用工具が出現しました。農業生産において、土地を調整するのに用いる鏵冠、横銎鑱、多刃鑱、中耕除草に用いる鋤、穀物収穫に用いる各種鎌、穂摘具と銍刀などが出現しました。土木作業においては、専門的な版築道具である夯錘が出現しました。このことは、鉄器の利用は社会生産の主要領域にまで拡大しただけでなく、これらの生産領域の各種の労働作業にまで浸透したことを表わしています。軍事活動領域では、鉄剣の種類と数量が増加しています。鉄矛、鉄戟、鉄杖などの格闘武器の出現、弩機廓と全鉄製鏃などの遠射撃武器の利用、甲冑などの防護装備の出現、そして鉄鐏、鉄鐓などの武器装飾部品の製作は、攻撃から防護までの各種軍事活動において鉄製品が急速に青銅器に取って代わっていることを説明しています。車馬具は新しく出現した鉄器類型で、青銅製車馬具の部品に鉄器を用い始めていることを表わしています。日常生活の領域では、飲食の調理、衣服の縫製、日常照明はもちろん、衣服や身体の装飾などにも鉄製品の使用が始まりました。当然、鉄器の普及に相俟って、鉄器の使用者は社会の各階層にまで

広がりました。

戦国時代の鉄器使用の普及は、その利用地域の発展の上に出現したものです。考古学的発見とその研究から、紀元前3世紀前半の戦国晩期までの、鉄器の利用地域には次のような地域があります。西北地区では、すでに河西回廊の東部一帯の北方長城地帯の地域まで、多くの戦国時代の鉄器が発見されています。東北地方では、遼寧撫順市蓮花堡、旅順後牧城驛、寛甸黎明村と吉林樺甸県西荒山屯、梨樹県二龍湖古城などで発見された鉄器（図10）は、中原系統の鉄器がすでに遼東半島から吉林省西南部にまで遠く及んでいたことを表わしています。広東始興白石坪山と楽昌対面山で発見された鉄器は、楚国勢力の南下に伴う、楚文化の南進につれて、嶺南の北部にも鉄器の使用が開始されたことを表わしています。西南地域では、貴州赫章可楽墓地と雲南江川李家山などでの鉄器の発見は、「秦滅巴蜀」の歴史的背景のもとに、鉄器の製作と使用が開始されたことを表わしています。

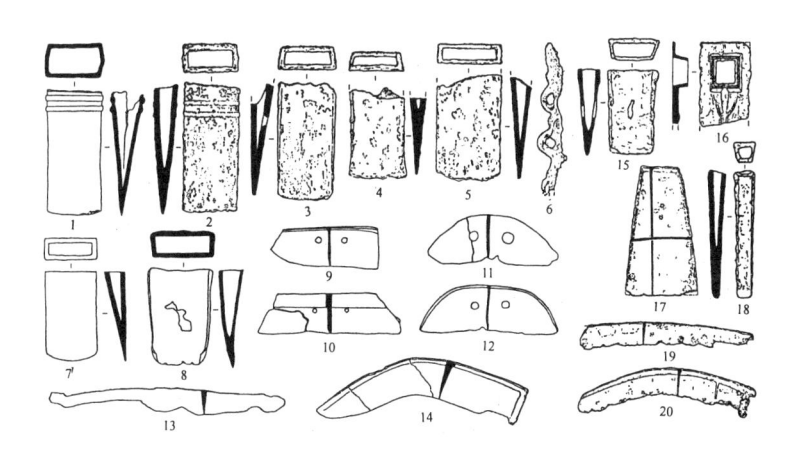

図10　東北地方南部出土の戦国時代の鉄器

1：空首斧（寛甸黎明村 LMD：05）　2：空首斧（梨樹県二龍湖古城 BC：87）　3：空首斧（二龍湖古城 G1：20）　4：空首斧（二龍湖古城 BC：93）　5：空首斧（二龍湖古城 BC：104）　6：馬鑣（二龍湖古城 BC：106）　7：鏟（樺甸県西荒山屯 M6：4）　8：鏟（黎明村 LMD：06）　9：双孔銍刀（黎明村 LMD：04）　10：双孔銍刀（黎明村 LMD：03）　11：双孔銍刀（黎明村 LMD：02）　12：双孔銍刀（黎明村 LMD：01）　13：小刀（西荒山屯 M6：3）　14：鎌刀（西荒山屯 M3：13）　15：空首斧（撫順市蓮花堡 T4：117）　16：横銎钁（蓮花堡 LHBC：01）　17：鋤板（蓮花堡 T4：112）　18：鑿（蓮花堡 T4：42）　19：刀（蓮花堡 T4：110）　20：鎌刀（蓮花堡 T4：111）

4　中国古代鉄器の初期発展過程

　中国の古代鉄器は、鉄器の出現と人工製鉄の発明から、戦国時代晩期には鉄器の最初の普及と鉄器工業の第一段階が形成され、鉄の発生から発展へと初期の発展のプロセスを経てきました。その発展の道筋とその特徴は、以下のように、まとめることができます。

① 鋼鉄技術は、自然隕鉄の加工利用から人工製鉄の発明と鋼鉄技術の継続的な進歩の過程を経て、独自の鋼鉄技術体系を形成しました。以下の段階を経たことになります。

殷代中期～西周晩期（紀元前13世紀～紀元前800年前後）：隕鉄の加工と利用。
西周晩期（紀元前800年前後）：塊錬鉄および塊錬滲炭鋼技術の発明。
春秋前期（紀元前700年前後）：液体銑鉄製錬技術の発明。
春秋晩期（紀元前5世紀前半）：鋳鉄脱炭技術の発明。
戦国前期（紀元前5世紀後半）：靭性鋳鉄の出現。鋳鉄脱炭鋼製鋼技術の発明。
戦国中期（紀元前4世紀）：焼き入れ技術の発生。
戦国晩期（紀元前3世紀前半）：土笵の烘笵技術、鉄笵の鋳造技術、鍛釜技法の利用開始。

② 鉄器の種類では、銅鉄複合製品からすべて鉄の製品になり、種類は増加し、新しい鉄器が連続して出現しました。以下のようにまとめることが出来ます。

西周晩期（紀元前800年前後）：銅（玉）鉄複合製戈、短剣、矛（人工冶鉄）、銅鉄複合製錛、削刀（自然隕鉄）。
春秋早期（紀元前700年前後）：銑鉄製品の出現。
春秋中期（紀元前7世紀後半～前6世紀初葉）：鉄鏟、凹口锸、削刀などの出現。
春秋晩期（紀元前6世紀後半～前5世紀初葉）：鉄条形空首斧、砍刀、鉋、直口锸、竪銎钁、中長剣、鼎形器などの出現。
戦国早期（紀元前5世紀中葉～末葉）：鉄锛、長剣、短剣、車釭、鼎、釜、帯鉤などの出現。
戦国中期（紀元前4世紀）：鉄扇形空首斧、鏟、刀、錘、截具、六角鋤、半円鋤、鋤板、人字鋤、鐏冠、鋒刃鎌刀、歯刃鎌刀、単孔銍刀、錐、針、夯

錘、坩堝、斧形鑿、矛、杖、鐏、戟、鐓、鏃、弩機廓、車䥯、車轄、馬鑣、車釭、火盆、束髪器などの出現。

戦国晩期（紀元前3世紀初葉～中葉）：鉄双肩空首斧、靴形空首斧、板状斧、扁鏟、鋸、砧、衝牙、錾、鶴嘴斧、環首錐、横銎钁、多刃鐁、双孔銍刀、魚鈎、紡錘車、鋳范、鋏具、長柄耙、甲冑、歯輪、錾、勺、豆形灯、行灯、璜、帯釦、帯飾、鑷子などの出現。

③ 鉄器の種類は増加し、鉄器の利用は領域が拡大し、利用頻度も高まっていきました。その過程は、以下の通りです。

西周晩期（紀元前800年前後）：人工製鉄製品は武器に限られていました。隕鉄製品は木材加工に用いられていました。

春秋中期（紀元前7世紀後半～前6世紀初葉）：鉄器が、土木や農耕に用いられ始めました。

春秋晩期（紀元前6世紀後半～前5世紀初葉）：鉄器は、軍事活動の実戦と日常生活に用いられ始めました。

戦国早期（紀元前5世紀中葉～末葉）：鉄器の利用は、馬車の部品の製造や装身具まで広がりました。

戦国中期（紀元前4世紀）：鉄器の利用は、鉱冶生産、金属加工、農耕生産の中耕や穀物収穫および馬具に広がりました。生産と軍事などの領域における利用頻度は大幅に高まりました。

戦国晩期（紀元前3世紀初葉～中葉）：鉄器の利用は防護装備まで広がりました。生産、生活と軍事活動における利用はさらに高まり、初歩的な普及段階に到達しました。

④ 鉄器利用が継続して拡大するにつれて、鉄器の使用者は、貴族などの社会上層からだんだんと士卒や民衆まで拡大していきました。

⑤ 鋼鉄技術と鉄器生産が継続して発展するにつれて、当時の社会の政治変革、貿易往来、人の移動や文化交流の背景のもと、鉄器利用の地域は、豫西、晋南、関中東部地区から、広義の中原地区へ拡大し、そして周辺地区へも拡大する過程をたどりました（図11）。

5　今後の課題

　半世紀以上にわたって、考古学者と冶金学者の共同による努力の下、中国先秦時代の鉄器と鋼鉄技術の研究は喜ばしい成果を挙げてきました。これによって、我々は中国古代鉄器の起源と初期の発展過程を大まかに描き出すことができるようになりました。しかし、同時に、多くの問題もあり、あるいは異なる意見もあります。それについては、今後の新たな資料の発見と研究を待ちたいのですが、以下にまとめてみようと思います。

① 鉄器起源の問題については、我々は製鉄技術の発明以前に、自然隕鉄の加工と利用によって冶金技術に関する知識を蓄積したことが、冶金技術を発明するきっかけになったと考えました。しかし、これに対しては異なる考え方があり、隕鉄の加工利用と人工製鉄の発明の関係については、さらに検討する必要があります。

　およそ中国流に言えば、我々は考古学的な発見にもとづき、そして比較研究を通して、中国古代の人工製鉄を晋南－豫西－関中東部と新疆地域の両地域に区別し、中国古代鉄器の「中原系統」と「西北系統」とに分かれて形成されたことを明らかにしました。しかし、中原地区製鉄の起源は新疆地域の製鉄の影響の下で出現したと考える学者もいます。中原地域の製鉄起源と新疆地域から西アジア地域の関係を真に解決するために、新疆地域の初期鉄器の年代学的研究と冶金学研究を強化し、さらに中原地域の初期鉄器との比較研究をすることが、今後の重要な課題の1つです。

② 製鉄技術の発明は、つまるところ一種の科学技術の発明です。しかし、鉄器の生産と利用は、鉄鉱の採掘から、鉱石の運搬、鉄金属の製錬、鉄器の製作・分配・流通・使用まで、複雑な分野があります。鉄器の生産は当時においては重要な「新高度技術」産業です。鉄器生産の研究は、採鉱、製錬と鉄器の製造はもちろんのこと、生産設備、生産工具、生産技術、生産方式などの方面の研究とも切り離すことはできません。このため、「産業考古学」（Industrial Production Archaeology）的な視野の下、研究を行なっていくべきです。これまでのところ、鉄器そのものの研究は、

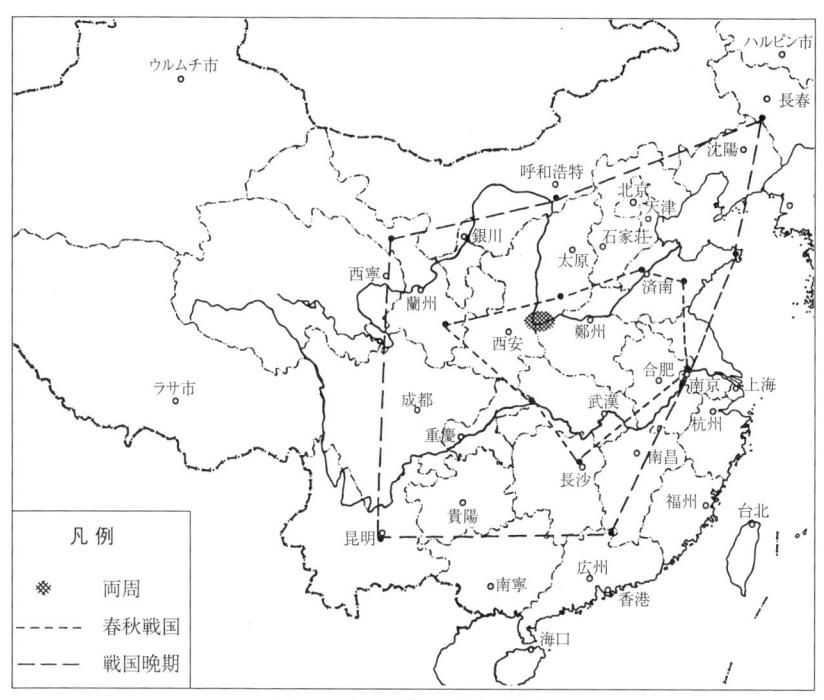

図11 中原系統の鉄器の拡大

考古学だけでなく冶金学的な研究においても継続的な進展を見せています。しかしながら、鉄器生産と直接的に関係する鉄工場跡の調査研究は行なっていますが、相対的には立ち遅れています。例えば、戦国時代の鉄工場跡の発掘と研究は、主に河南のいくつかの地点に限られています。春秋時期の鉄工場跡および鋳造遺跡は、これまでのところ調査や発見はありません。このことは、東周時代の鉄器生産研究を停滞させています。このため、東周時代の鉄器、鉄産地の鉄工場跡、とりわけ春秋時代の鉄工場跡の調査と研究を強化することは、我々が直面しているもう1つの重要な課題です。

③ 考古学的な発見とその研究から、鉄器の利用が地域的に拡大するにつれ、戦国時代の鉄器は東北地方へさらに韓半島や日本列島にまで伝播し、そして当地で人工的な鉄器の生産を引き起こしたことがわかってきました。平安北道渭源郡龍淵洞、寧辺郡細竹里などで「戦国系鉄器」が発見

されています（李南珪 1993）。日本の北九州市長行遺跡、福岡県曲田遺跡、下稗田遺跡、上原遺跡、熊本県斉藤山遺跡などの九州の遺跡では、すべて中国中原地域の鉄器に由来した鉄器が発見されています。その年代には、縄文時代晩期と弥生時代前期とがあります（川越 1993）。これらの地域と戦国鉄器の内在的な関係が明らかになったのです。これに対して、研究者は長い間関心を寄せ、多くの研究者が研究を行なっています。しかし、戦国時代鉄器の韓半島や日本列島への伝播経路に関しては、痕跡はたどることはできますが、はっきりとしていません。このため、戦国時代鉄器と韓半島と日本の九州地域の初期「舶載鉄器」の比較研究を強化し、とりわけ河北燕文化地域、遼東半島、山東半島などの地域の戦国時代の鉄器工房跡の調査研究を進めることは、戦国時代鉄器の東伝、韓半島と日本列島での人工的な鉄器の出現の解明に対して必要なことです。同時に、日本の弥生時代の開始とその年代について科学的に認識し判断することにとっても、積極的な意義を備えています。

参考文献

白雲翔 1993「戦国秦漢和日本弥生時代的鍛錾鉄器」『考古』第 5 期

白雲翔 2004a「中国的早期鉄器与鉄器的起源」『桃李成蹊集—慶祝安志敏先生八十寿辰』香港中文大学出版社

白雲翔 2004b「"美金"与"悪金"的考古学闡釈」『文史哲』第 1 期

白雲翔 2005『先秦両漢鉄器的考古学研究』科学出版社

白雲翔 2006「中国古代冶金術起源的考古学観察—以銅和鉄為中心」『中国考古学与瑞典考古学』科学出版社

北京大学考古系商周組ほか 2000『天馬－曲村（1980～1989）』科学出版社

河南省文物考古研究所ほか 1992『登封王城崗与陽城』文物出版社

河南省文物考古研究所ほか 1999『三門峡虢国墓地』第 1 巻　文物出版社

韓汝玢 1998「中国早期鉄器（紀元前 5 世紀以前）的金相学研究」『文物』第 2 期

華覚明 1999『中国古代金属技術—銅和鉄造就的文明』大象出版社

川越哲志 1993「日本初期鉄器時代の鉄器」『東アジアの古代鉄文化』たたら研究会

李南珪 1993「韓国初期鉄器文化の形成と発展過程」『東アジアの古代鉄文化』た

たら研究会

松井和幸 2001『日本古代の鉄文化』雄山閣

村上恭通 2007『古代国家成立過程と鉄器生産』青木書店

陝西省考古研究所 2006「陝西韓城梁帯村両周遺址」『2005 中国重要考古発現』文物出版社

（翻訳：槙林啓介）

基調講演

東北アジアの古代鉄文化

東京大学大学院

笹 田 朋 孝

はじめに

　日本の鉄文化の成立を検討するには、中国・朝鮮との関連を欠かすことが出来ません。特に戦国時代の燕国、漢代の楽浪郡、そして三韓などからは多大な影響を受けています。これは中国から東ないしは南東方向への鉄文化の流れと言えます。これに対して、戦国時代の燕国の領域から東ないしは北東方向への鉄文化の流れも存在していました。古代中国で生産された鉄斧は、中国東北地方からロシア沿海地方やアムール河の中・下流域までは少なくとも到達しています。

　本稿で対象とする東北アジア地域は、中国東北地方（黒龍江省・吉林省）、朝鮮半島の北部、そしてロシア沿海地方ならびにアムール河中・下流域です（図1）。この地域も中国から鉄文化が流入した地域で、詳細は後述しますが、朝鮮半島や日本のように徐々にですが、道具の鉄器化が進行していった地域です。

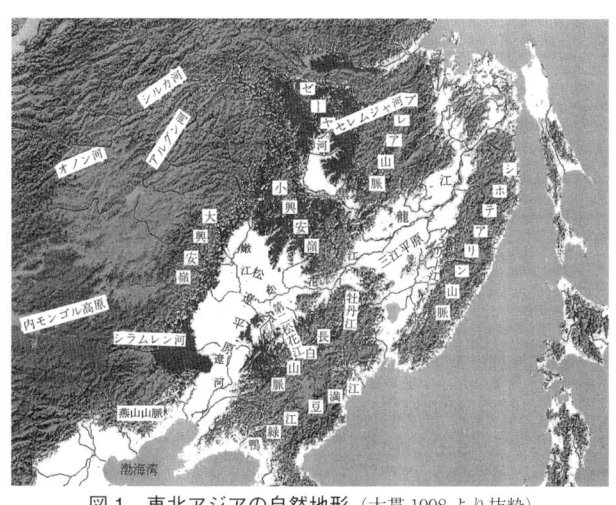

図1　東北アジアの自然地形（大貫 1998 より抜粋）

近年、この地域の初期鉄器時代の様相については、大貫静夫氏、臼杵勲氏らにより体系的にまとめられています（大貫 1998；臼杵 2004、図2）。また、本稿で扱うテーマは、村上恭通氏により長年研究が行なわれています（村上 1987 など）。本稿ではこれらの研究成果に最新の動向を付け加える形で東北アジア地域の鉄文化の様相について触れ、その特徴を捉えていこうと思います。なお、記述を行ないやすくするため、初期鉄器時代は前期と後期の2つ（臼杵 2004）に分けました（図2）。

　また、筆者の所属する東京大学には、土城里遺跡（通称「楽浪土城」、以下楽浪土城）の資料が存在します。東アジアの鉄文化の流れを理解する上で、紀元前108年の楽浪郡の設置と楽浪郡の鉄文化が極めて大きな意味を持つことは言を俟ちません。今回のシンポジウムにおいても、中国と朝鮮半島南部、そして日本を結ぶ重要な資料です。昨年度に目録作成、鉄器の保存処理・金属学的分析が完了しましたので、その成果を報告しておきます（早乙女 2007）。

　また、牧羊城出土鉄器の整理・分析結果も比較資料として提示しておきます（大貫 2007；笹田 2007）。牧羊城は遼東半島の突端の大連市旅順近郊に位置し、1928年に東亜考古学会と関東庁博物館が合同で調査しています。ここに紹介する資料は現在東京大学に保管されている一部の資料です。

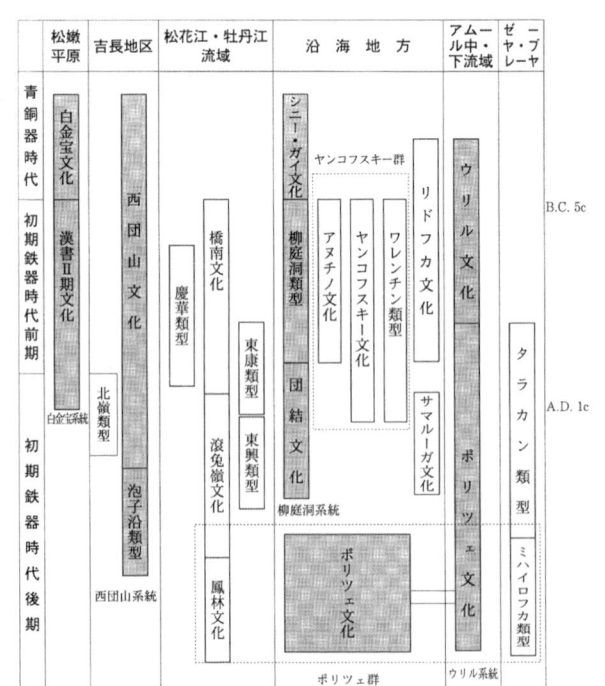

図2　初期鉄器時代諸文化編年表（臼杵 2004 より抜粋）

1 初期鉄器時代前期の東北アジア

中国の戦国時代～後漢初期に相当する時期です。燕国ないしは漢の領域の外には、中国東北地方には漢書2期文化や西団山文化、ロシア沿海地方にはヤンコフスキー文化、アムール河中・下流域にはウリル文化が広がっていました（図3）。

(1) 漢書2期文化（吉林大学歴史系考古専業・吉林省博物館考古隊 1982）

松嫩平原に分布し、白金宝文化に後続する文化です。石器は磨製石斧が出土する程度で、青銅器や大量の骨角器が出土しています。鉄器では、刀子・鉄斧が出土しており、道具の鉄器化が進んでいます。農具が少なく、貝製や骨製の狩猟具や漁撈具が多く、狩猟や内水面漁撈が盛んであったといえます。

また、土製・石製の鋳型が多く出土しており、青銅製品の生産が盛んに行なわれていたことが推測されています。漢書遺跡の^{14}C 年代ならびに鉄器の普及から、戦国～漢初併行と考えられています（臼杵 2004）。

(2) 西団山文化

第2松花江流域に西周から戦国時代まで長期にわたって展開しました。西団山文化を三段階に分けた場合の後期の段階で鉄器が出土し、終末期になると鉄器の量が急増します。

(3) ヤンコフスキー（Янковский）文化

（Андреева,Ж.В.,Жущиховская,И.С.,Кононенко,Н.А.1986）

沿海地方南部から朝鮮半島東北部沿岸まで分布します。狩猟や漁撈にウェイトを置きながら、農耕や家畜の存在も指摘されています。ペスチャヌイⅠ（ПесчаныйⅠ）遺跡出土の鉄斧が古くから知られています。潮見浩氏は、この鋳造鉄斧の年代を中国の戦国時代後期から漢代併行とし、

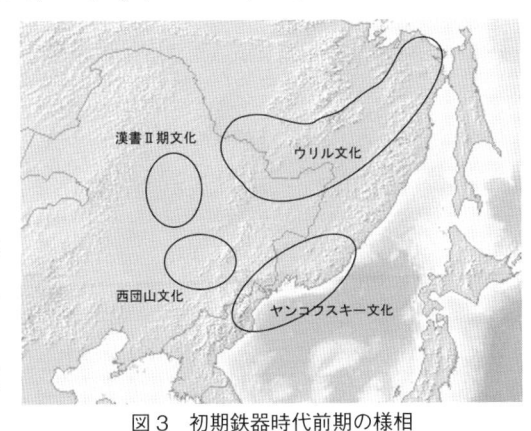

図3 初期鉄器時代前期の様相

戦国時代の燕国で製作された可能性を指摘しています（潮見 1982）。

　ヤンコフスキー文化の年代は、かつては極めて古い年代が提示されていましたが、ブロジャンスキーは^{14}C 年代から紀元前8世紀～前1世紀頃と修正しています（ブロジャンスキー 2000）。しかしながら、高坏の特徴や鋳造鉄斧の形態からヤンコフスキー文化の下限は、後述する団結―クロウノフカ文化前期まで下る可能性が高いといえます。

　ヤンコフスキー文化のどの段階から、鉄器が伴うのかは定かではありませんが、利器の大半は石や骨で製作されています。鉄器は鋳造鉄斧ないしはその再加工品（図4）と刀子などの工具が出土していますが、鉄製の農具は出土していません。

(4) **ウリル（Уриль）文化**（Деревянко,А.П.1973）

　アムール河中・下流域に分布し、おおよそですが、ヤンコフスキー文化や柳庭洞類型に併行します。新石器時代の伝統につらなる石器類が道具の大半を占めています（福田 2007、図5）。打製石斧やT字鍬と呼ばれる土掘り具や磨り臼があるものの石包丁はありません。青銅製の装飾品や鉄製の工具（図5-8・9）が出土していますが、その出土量は極めて少ないです。鉄器は先端が尖り、基部には折り返しがあり、作りは鍛造のように見える特殊な形態で、「土掘り具」とされています。アムール河に依存した漁撈や狩猟・採集を

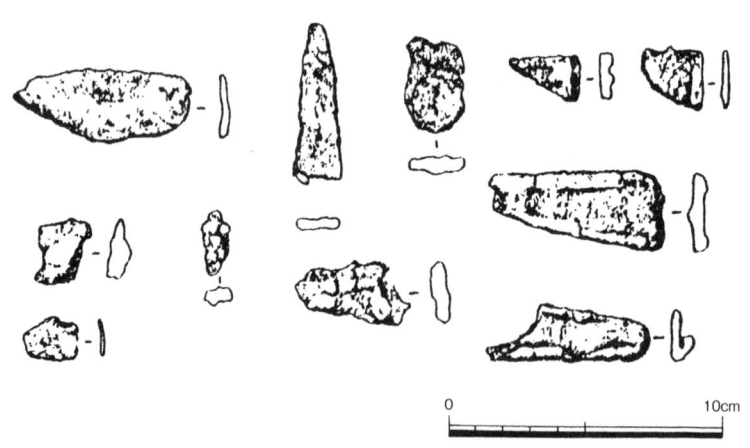

図4　アレニA遺跡ヤンコフスキー文化層出土鋳造鉄製品（破片）
（ブロジャンスキー 2000 より抜粋）

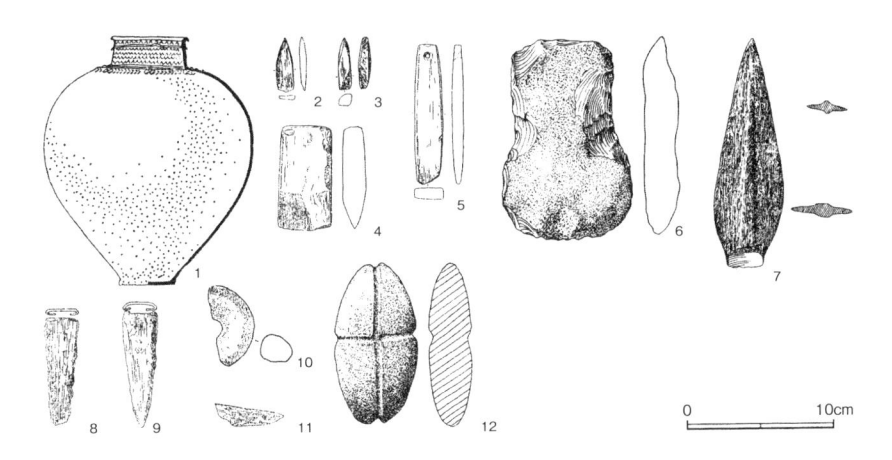

図5 アムール中流域におけるウリル文化の生活用具 (福田 2007 より抜粋)
1～5：コチコバトカ　6：不明　7・12：ペトロパブロフカ　8～11：ウリル島 (8・9 が鉄製品)

行ない、補足的に農耕を行なう程度であったと考えられています。

年代は、紀元前1千年紀の中におさまり、ニジノタンボフカ竪穴やゴーリムィス遺跡（紀元前1125～前900年）などの^{14}C年代と整合的ではありますが、細かな年代を決めることは困難であり、鉄器の流入した年代を推測することはできません。

2　初期鉄器時代後期の東北アジア

中国の後漢初頭～南北朝中頃に相当する時期です。三江平原には滾兎嶺文化が、朝鮮半島東北部からロシア沿海地方ならびに中国黒龍江省にかけて団結―クロウノフカ文化が、ロシア沿海地方北部からアムール河中・下流域にかけてはポリツェ文化が広がり、それらの周辺にはいくつかの小文化や類型が展開していました（図6）。

(1)　**滾兎嶺文化**（黒龍江省文物考古研究所 1997）

三江平原に分布します。調査事例が少ないため、全容が不明です。しかしながら、滾兎嶺遺跡の様相を見る限りでは、石器の出土量は少なく、鉄器の種類が豊富であることが指摘できます。鑿・鏃・刀子・甲冑小札などが出土し、ポリツェ文化2期（ポリツェ期）に併行します。

(2) 団結―クロウノフカ（Кроуновка）文化

豆満江流域、綏芬河流域、朝鮮半島東北部やロシア沿海地方南部に広く分布します。

石器は磨製石器が主体ですが、その器種や出土量は減少します。それに対して鉄器は器種・出土量が増加し、道具の鉄器化が進展しています。鉄斧や刀子などの工具が大半を占めている点に特色があります（村上 1987・2000、図7・8）。

咸鏡北道茂山県虎谷遺跡（黄 1970）では、団結―クロウノフカ文化前半に相当する虎谷5期に工具が鉄器化し、後半に相当する6期では鉄製のスキ先や半月形穂摘み具や鎌、釣針があらわれます（図7）。6期に入ると鉄器化が本格的に進行し、鉄製工具の普及により土掘り具の木器化も進行したと思われます。第22号住居址から鉄滓が1点、第42号住居址から鉄滓が多数出土しています。このことから、5期の鉄器の出現期からすでに、遺跡内で鉄器の生産が行なわれていたことが窺われます。また豆満江流域では農具の鉄器化も起こっています。

林澐氏は団結遺跡における ^{14}C 年代から紀元前5～紀元1世紀としていますが（林 1985）、鉄器の普及とウラジオストック近郊のイズヴェストフ遺跡の細形銅剣などから、かつてブロジャンスキーが指摘したように紀元前3～紀元1世紀と見るのが妥当です（Окладников,А.П., Бродянский,Д.Л.1984）。

団結文化に先行する柳庭洞類型は、茂山虎谷遺跡の3・4期に相当します。この段階では、青銅製装飾品などが出土するものの、鉄器はまだ確認されていないため、ここでは取り扱いません。

(3) ポリツェ（Польце）文化

（Деревянко,А.П.1976）

ポリツェ文化は、デレビヤンコ（Деревянко,А.П.）により、ジョルティー・ヤル期（紀元前7～前6世紀）、ポリツェ期（紀

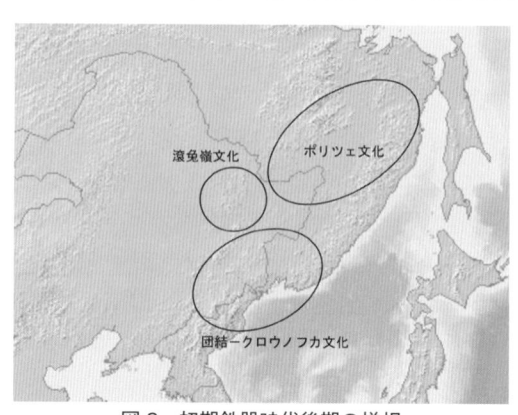

図6 初期鉄器時代後期の様相

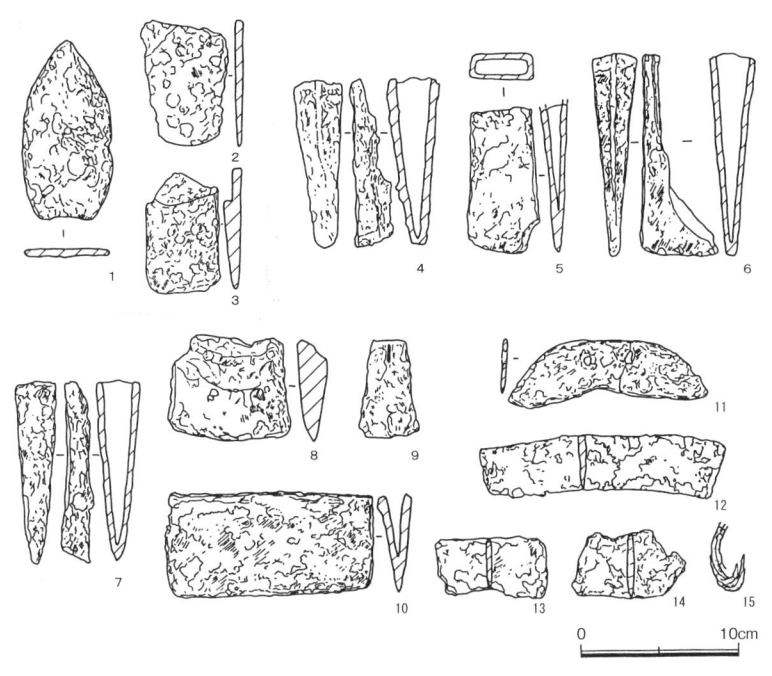

図7　咸鏡北道茂山県虎谷遺跡出土鉄製品（村上 1987 より抜粋）
　　　1～3：虎谷遺跡5期　　4～15：虎谷遺跡6期

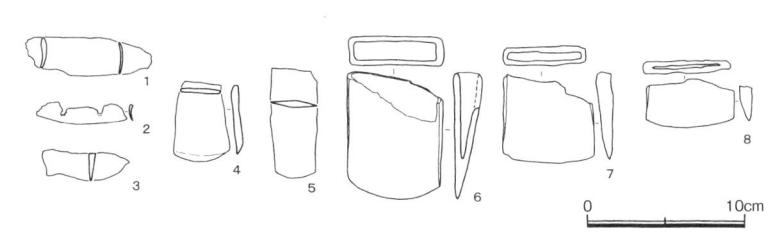

図8　アレニA遺跡・クロウノフカ遺跡出土鉄製品（ブロジャンスキー 2000 より抜粋）
　　　1～3：アレニA遺跡　　4～8：クロウノフカ遺跡

元前6～紀元1世紀)、クケレヴォ期 (紀元1～4世紀) の3段階に分けられました (Деревянко,А.П.1976)。

この年代には問題があり、先行するウリル文化の下限が中国の戦国時代にまで下がることや、後続する靺鞨文化の年代を参考にすれば、ポリツェ文化の年代はおおよそ紀元前4世紀頃～紀元5世紀頃とすることができます。

二条突帯を持つ鋳造鉄斧が出土したポリツェⅠ遺跡は2期のポリツェ期の遺跡とされています。ポリツェⅠ遺跡では、磨製石斧や石鏃、搔器などのさまざまな石器、鉄斧・刀子などの鉄製工具のほかに、鉄製・骨製の小札、鉄鏃・骨鏃なども出土しています (図9・10)。大型の土器を利用した穀物貯蔵がみられるものの、農具は鉄器化していません。

この二条突帯を持つ撥形の鋳造鉄斧は村上氏の編年では最終段階のタイプであり、おおよそ後漢代を中心として三国時代まで生産されたとされています (村上 1988)。そのため、ポリツェ期の年代は、紀元前後～紀元3世紀前半とされています (村上 2000)。

3期のクケレヴォ期に入ると、鉄器の種類や量が増大し、青銅製・石製の装飾品は残るものの、石器はほとんど姿を消し、道具の鉄器化が完了していきます。なお、3期に併行するゼーヤ・ブレーヤ平原のミハイロフカ類型では、梯形鋳造鉄斧や刀子などの鉄器が出土しており、道具の鉄器化が進行してい

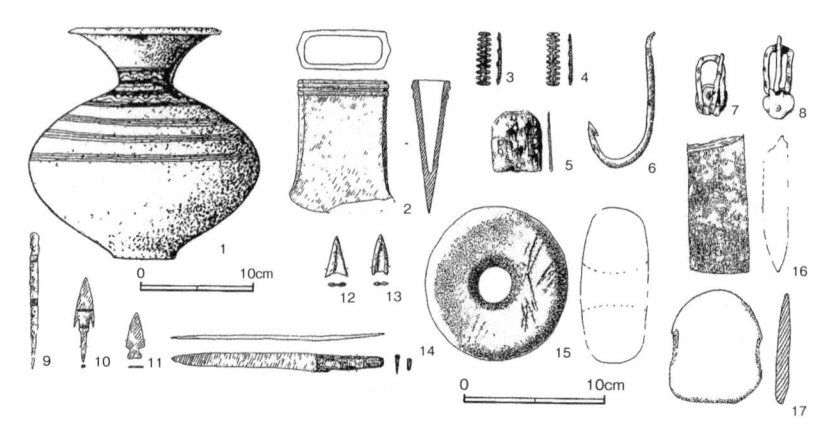

図9 アムール中流域におけるポリツェ文化の生活用具 (福田 2007 より抜粋)
すべて：ポリツェⅠ遺跡

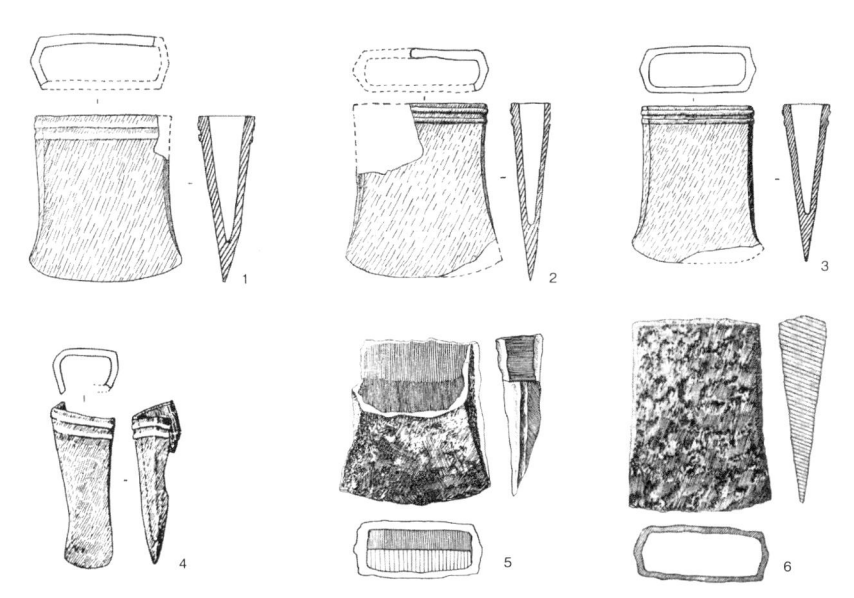

図10　ポリツェⅠ遺跡出土鋳造鉄斧（Деревянко,А.П. 1976 より抜粋）
1・2：7号住居　3・4：4号住居　5：5号住居　6：3号住居

すが、骨角器や石器が依然として使用されています。

3　東北アジア地域における鉄・鉄器の特徴

　すでに指摘されていることですが、遼東では紀元前3世紀以降、すなわち燕国の東方進出以降、農具や工具が急速に鉄器に置き換わっていきます。蓮花堡遺跡（王 1964）や牧羊城（笹田 2007、図15・16）などで、钁と呼ばれる斧形の掘り具が大半を占めるように、主に農具が鉄器化していきます。

　それに対して東北アジア地域では、鉄斧や刀子を中心として加工具が多く出土し、鉄製の農具が出土することは稀です（大貫 1998 ほか）。これは東北アジア地域において、農耕が生業全体に占めるウェイトが低かったことや、鉄器の絶対的な量が不足していたため、木器・骨角器製作を容易とする鉄製の加工具が優先的に招来されたことなどが考えられます。そして、鉄器が住居址から使い込まれた（破損した）状態で出土していることから、実用的な道具として用いられていたことが推測されます。

次に鉄器の生産地ですが、その大半は中国で生産されたと考えられています。戦国時代の燕国、漢代に入ると中国東北地方（吉長地区など）で生産された可能性が指摘されています（村上 1994）。

　ただし、団結―クロウノフカ文化の虎谷遺跡などでは鉄滓などが出土しており、鍛冶工程が存在していたことは明らかです。また、鋳造鉄斧の再加工品（図 4）が出土していることから、日本の弥生時代に見られるような原始的な鍛冶は存在していたと言えます。

　しかしながら、製鉄（製錬）・精錬ならびに鋳造工程の存在を示唆するような資料は未だ確認されていません。なお、ロシアでは金属学的分析成果がほとんど無いため、鉄器の製造履歴や熱処理技術の有無などは不明です。

4　楽浪土城出土鉄製品（図 11 ～ 14）

　楽浪土城は、大同江を挟んで平壌市の南岸に位置します。東京大学文学部には、朝鮮古蹟研究会により 1935 年と 1937 年に計 3 回発掘調査された資料が保管されています。正式な報告書は 1965 年に刊行されています（駒井 1965）。

　しかしながら、多くの発掘資料は未報告のままであり、鉄製品についても鄭仁盛氏による再整理・研究を待たねばなりませんでした（鄭 2004・2007）。加えて 2005（平成 17）年度より早乙女雅博氏を研究代表者とする研究「東アジアにおける楽浪土城出土品の位置付け」（平成 17 年度～平成 18 年度科学研究費補助金）が行なわれました（早乙女 2007）。その際に大澤正己氏により金属学的調査が行なわれています（大澤 2007a）。これらは重要な基礎資料であり、余計な解説を入れることなく、事実のみを掲載しておきます。

(1)　資料の概要

　鉄製品は約 130 点以上確認され、内訳は鋳造鉄斧、鍛造鉄斧、蒺藜（しつれい）、鍬先、工具、鉄刀、刀子（素環頭刀子含む）、鉄鏃（四稜鏃・三稜鏃・長頸鏃・圭頭斧箭鏃・方頭斧箭式など）、折金、鉄釘、権（分銅）、不明鉄製品などです。鉄鏃が約 50 点確認されており、不明鉄製品を除くと資料の大半を占めています。また、農具は一字形鋤先を除けば確認されていません。いずれにしても、これまで報告されている楽浪古墳から出土した鉄製品とは様相を異にしています。

　遺物の出土位置や層位から、鉄製品の時期を論じることは困難ですが、土

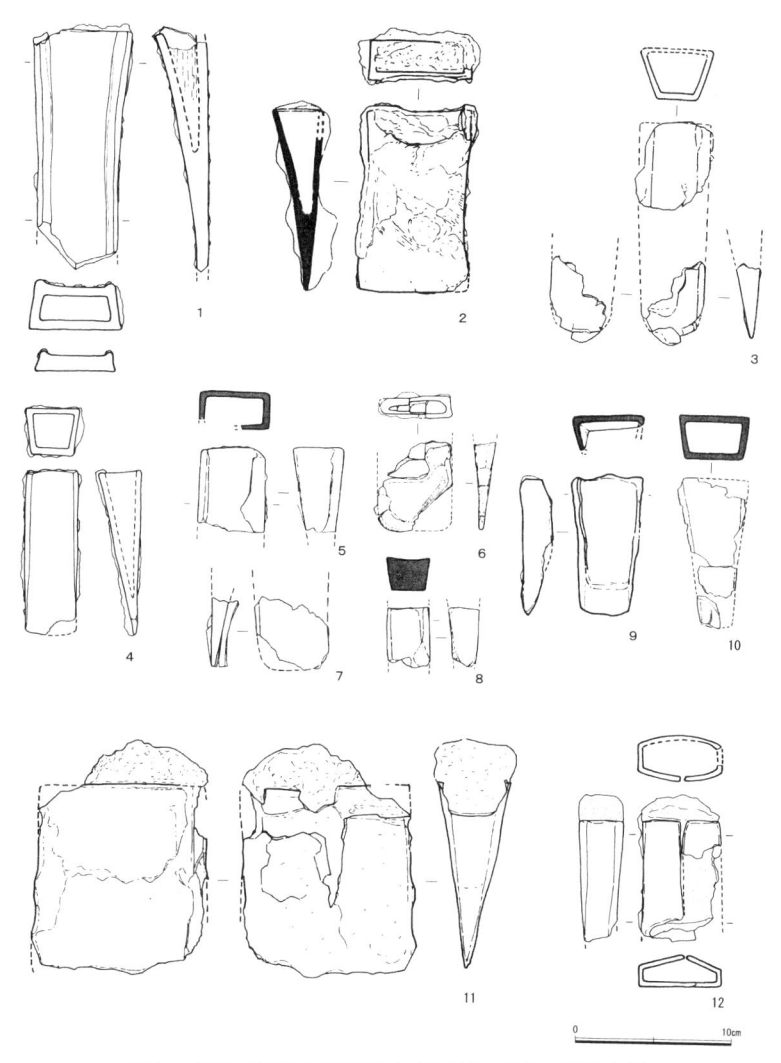

図11　楽浪土城出土鉄製品(1)（鄭 2007・村上 2007による）
1〜7・9〜12：鋳造鉄斧　8：鋳造鉄斧の内范（土製）

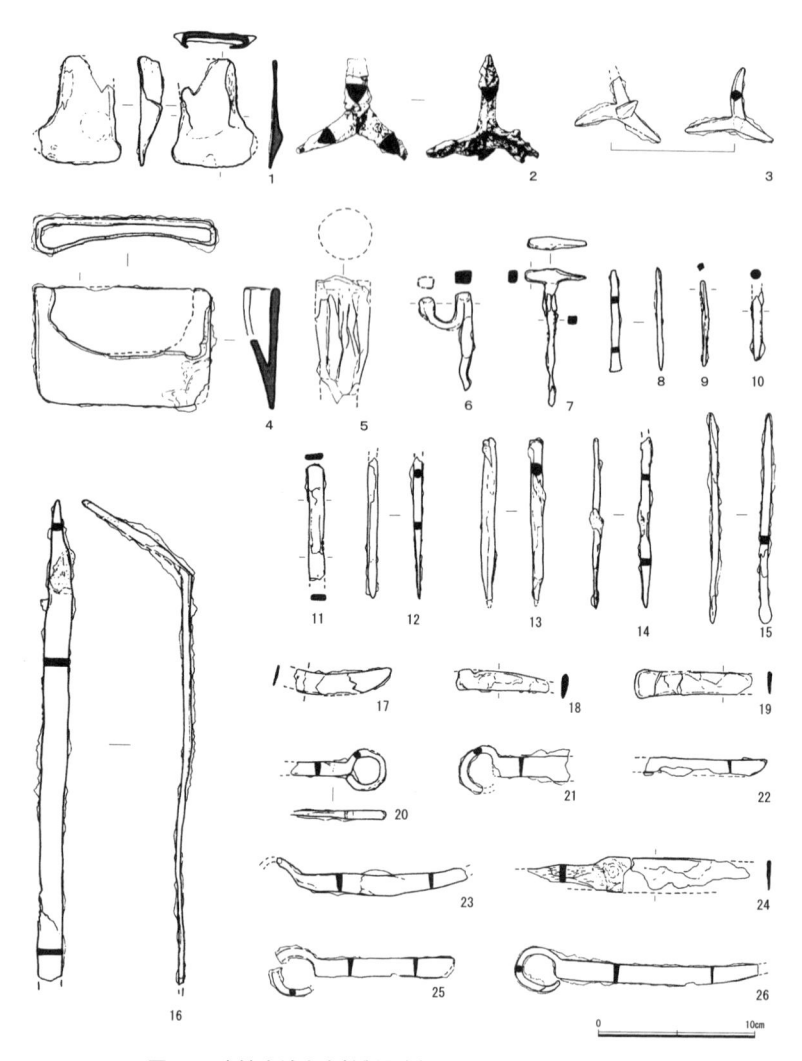

図12 楽浪土城出土鉄製品(2)(鄭 2007・村上 2007 による)
1：袋状鉄斧　2・3：蒺藜　4：鋤先　5～15：工具　16：鉄刀の未製品　17～26：刀子

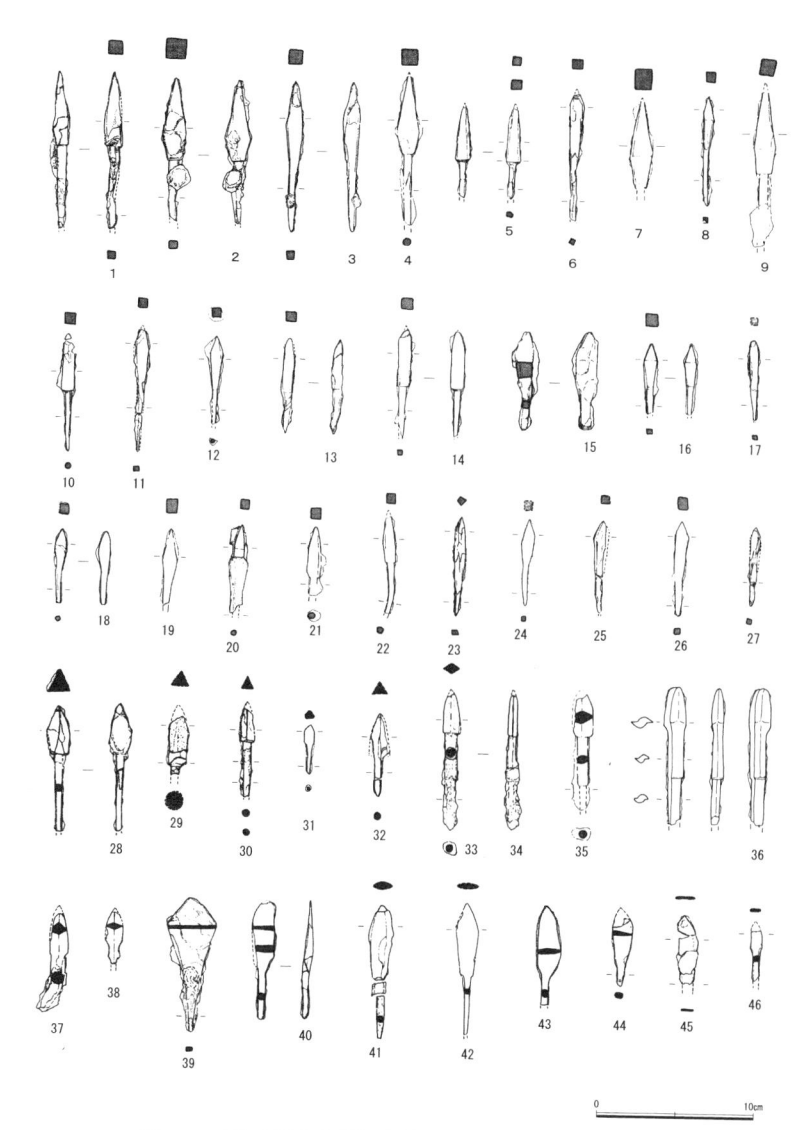

図13　楽浪土城出土鉄製品(3)（鄭 2007・村上 2007 による）

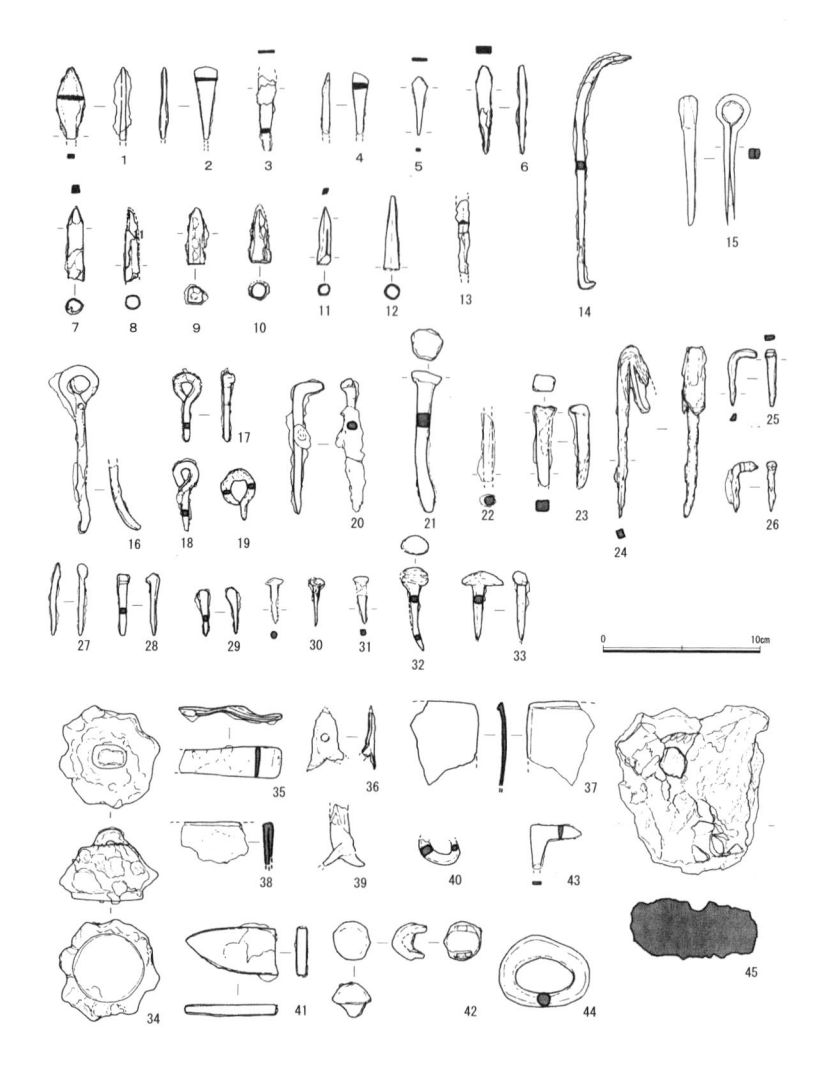

図14 楽浪土城出土鉄製品(4)（鄭 2007・村上 2007による）
1～13：鏃（ないしは鏃の可能性があるもの）　14：折金　15～19：環付釘　20～33：釘　34：権
36：鏃か　40・44：鉄環　45：粗銅精錬滓　その他：不明鉄製品

器や青銅器、瓦などの遺物の大半が楽浪郡時代のものであることから鉄製品も楽浪郡時代（紀元前108年～紀元313年）のものである可能性が高いといえます（鄭 2004）。

(2) **金属学的分析成果**

楽浪土城出土鉄製品の中で①梯形鋳造鉄斧1点（図11-1）、②四稜鏃1点（図13-2）、③椀形滓1点（図14-45）の分析を行なっています（大澤2007a）。このうち四稜鏃については、縦に切断して調査を行ないました。結果のみを述べておきます。

① 梯形鋳造鉄斧は鋳込みのままの白鋳鉄。
② 四稜鏃は鋳造後固化したものを焼きなまし脱炭を図った白心可鍛鋳鉄製品。
③ 椀形滓は鍛冶滓ではなく、青銅鋳造関連遺物である再溶解精錬滓。

梯形鋳造鉄斧に鋳造後の熱処理が見られないことが注目されます。また、東京大学に保管されている資料の中には鉄器生産に関連する資料はありませんが、これは楽浪土城内での鉄器生産の可能性を否定するものではありません。

牧羊城出土鉄器の金属学的分析も大澤正己氏によってなされています（大澤 2007b）。分析に供した資料は、①鋳造鉄斧3点（図15-1～3）、②鉄鎌2点（図16-26・27）、③鉄滓2点（図16-34・35）です。結果のみを述べておきます。

① いずれの鋳造鉄斧にも熱処理が施されておらず、鋳込みのままの白鋳鉄。
② 鉄鎌は焼きなまし脱炭を施した可鍛鋳鉄製品。小型の鎌（図16-27）は黒心可鍛鋳鉄製品で、大型の鎌（図16-26）は白心可鍛鋳鉄製品。
③ 鍛冶滓は高温沸し鍛接・鍛錬鍛冶滓。

遼東半島の先端部においても、鋳造鉄斧に熱処理が施されていない点には注目しておくべきです。また、鉄鎌という器種にも、鋳造後の焼きなまし脱炭を施していることも注目されます。

(3) **まとめにかえて**

重要な資料については、日本や朝鮮半島南部の様相と関連させて、すでに詳述されているため（村上 2007）、ここでは鉄に関する技術について軽く触れておきます。

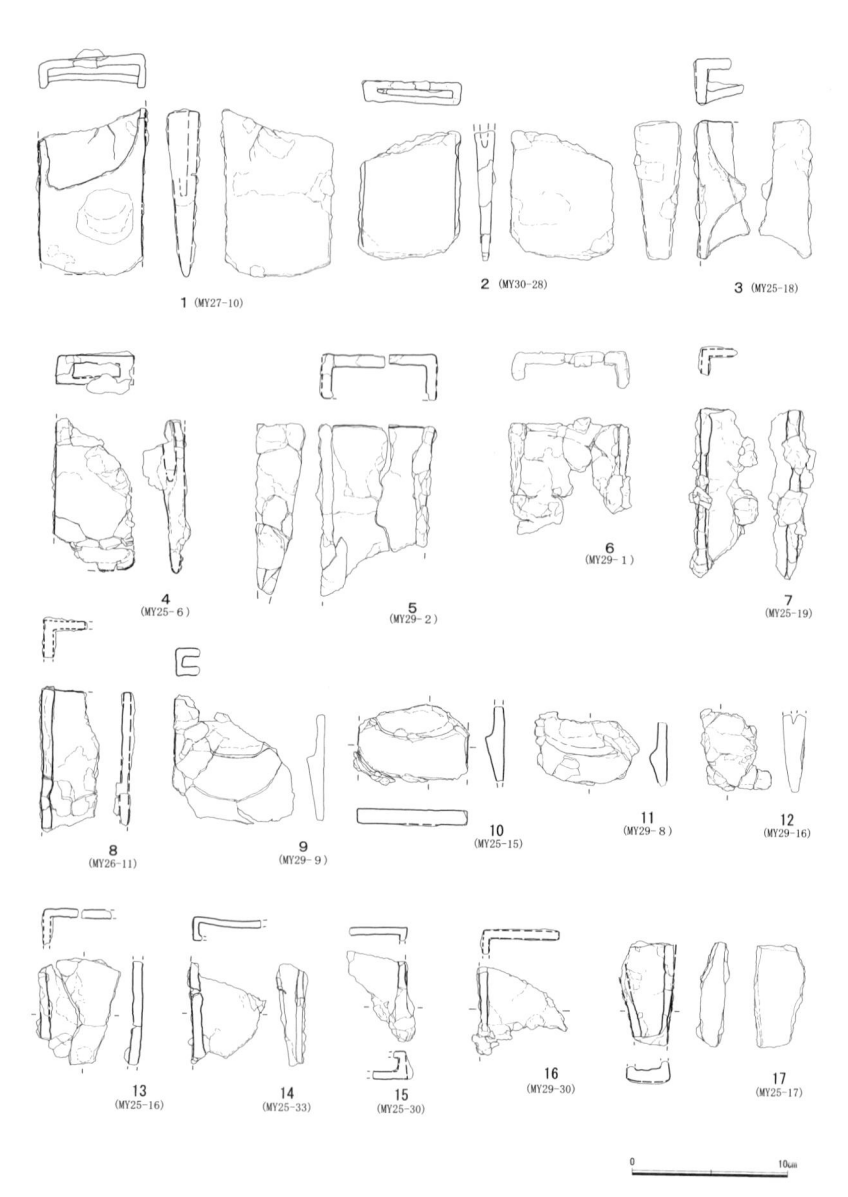

図 15　牧羊城出土鉄器(1)

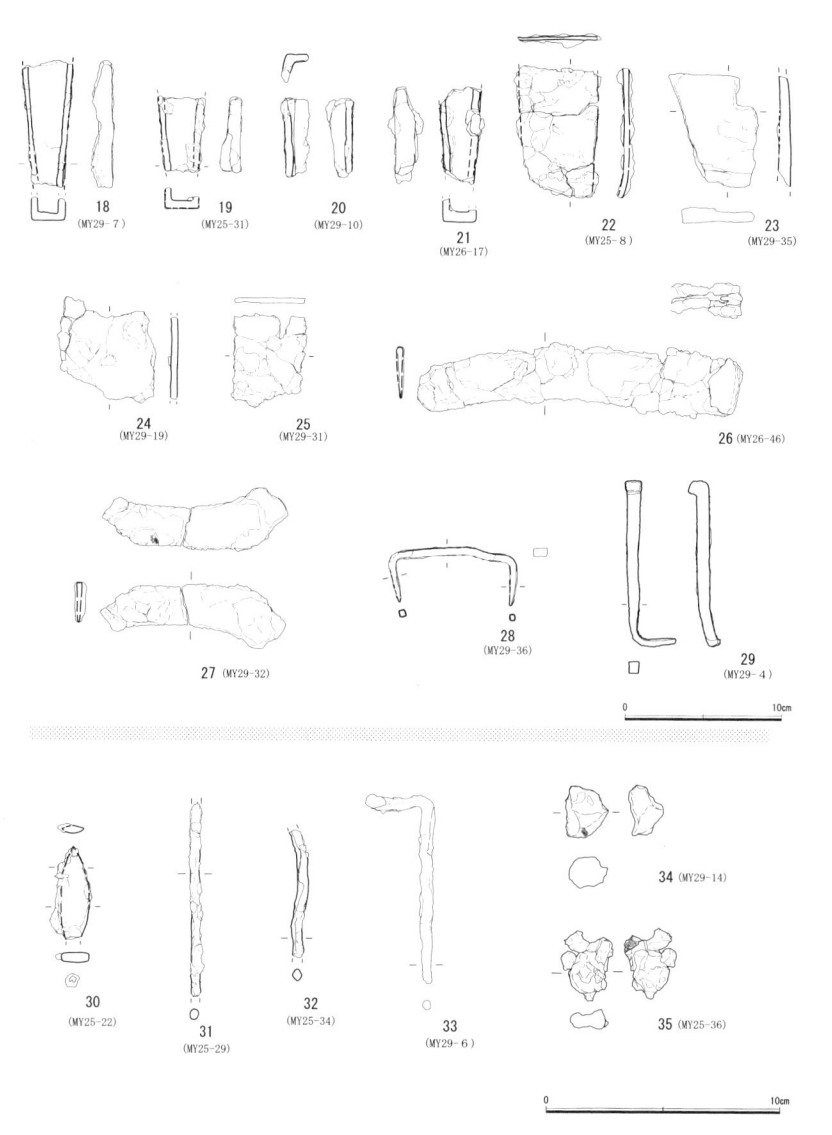

図16　牧羊城出土鉄器(2)

東北アジアの古代鉄文化（笹田朋孝）　63

牧羊城出土鋳造鉄斧ならびに楽浪土城出土梯形鋳造鉄斧のいずれもが焼きなまし脱炭処理を施していない白鋳鉄製品であることは、二条突帯を持つ鋳造鉄斧の大半が焼きなまし脱炭処理を施した可鍛鋳鉄品であることと対照的です。これまで戦国時代燕国に存在した高度な脱炭処理技術は朝鮮半島に伝わってこなかったと想定されていました（村上 2003）。牧羊城においても鉄鎌には焼きなまし脱炭が施されているにもかかわらず、鋳造鉄斧に焼きなまし脱炭が施されていないことを考慮すれば、用途（伐採・耕起など）に合わせて技術が選択された可能性も考えておくべきです。

　換言すれば、中国国内では、高度な脱炭処理技術を用途に合わせて選択しているのに対して、韓国では高度な脱炭処理技術（固体脱炭技術）は伝わらず、脱炭処理を施した鉄斧を中国（中国東北部ないしは楽浪郡）から輸入していたことになります。

　楽浪土城内における鉄器生産については、坩堝・鋳型や鍛冶滓などの明確な証拠は見出せません。ただし、図13-36のように表裏面がずれた状態で湯が注がれた資料があり（口絵3）、鄭は鉄斧製作時の土製中子（図11-8）の出土も踏まえて、城址内での鋳造工程の存在を指摘しています（鄭 2004）。資料が増加していない現況では、これ以上の考察には限界があります。

5　最後に

　東北アジア地域と楽浪土城の鉄について述べてきました。いずれの地域も資料の絶対数が少ないため、中国・韓国・日本のような詳細な研究を行なうことは未だ困難であると言わざるを得ません。そのような中で、楽浪土城の鉄製品は、調査自体は古いものの、今なお新しい資料ともいえます。

　東北アジア地域の諸文化ならびに諸類型の年代ですが、多くは基本的には ^{14}C 年代をもとに実年代が与えられています。しかしながら、古い分析値を採用しているものなどがあるため、想定よりも古い年代が与えられやすいのです。そのような中で、中国産の鉄製品（特に鋳造鉄斧）の存在をもって年代を補正していくことが行なわれています。そういう意味で言えば、戦国時代燕国における鉄器生産の増大ならびに燕国の東方進出が、揺るぎない定点として東北アジア地域の年代を決めているとも言えます。

しかしながら、東北アジア地域（特にロシア）では、朝鮮半島や日本と比較して鉄器化の進行は遅く、石器・木器・骨角器が依然として道具組成に占める割合が大きかったことが特色といえます。そして、農具よりも刀子・鉄斧が優先的に鉄器化していくことも、生業との関連を含みながらも大きな特色といえます。

謝辞：本稿を作成するにあたり、次の方々に多くのご教示を賜った。末筆ながら記して感謝いたします。臼杵　勲・大澤正己・大貫静夫・早乙女雅博・福田正宏・村上恭通・ニキーチン Yu・鄭仁盛（敬称略）。なお、本稿における誤りはすべて筆者に因るものであることは言うまでもありません。

参考文献
（日本語文献）

臼杵　勲 2004『鉄器時代の東北アジア』同成社

大澤正己 2007a「楽浪土城出土椀形滓・鉄器の金属学的調査」『東アジアにおける楽浪土城出土品の位置付け』（平成 17 年度～平成 18 年度科学研究費補助金（基盤研究(C)）研究成果報告書）東京大学

大澤正己 2007b「牧羊城跡出土鉄関連遺物の金属学的調査」『遼寧を中心とする東北アジア古代史の再構成』（平成 16 年度～平成 18 年度科学研究費補助金（基盤研究(B)）研究成果報告書）東京大学

大貫静夫 1998『東北アジアの考古学』同成社

大貫静夫編著 2007『遼寧を中心とする東北アジア古代史の再構成』（平成 16 年度～平成 18 年度科学研究費補助金（基盤研究(B)）研究成果報告書）東京大学

駒井和愛 1965『楽浪郡治址』東京大学文学部考古学研究室考古学研究第 3 冊

早乙女雅博編著 2007『東アジアにおける楽浪土城出土品の位置付け』（平成 17 年度～平成 18 年度科学研究費補助金（基盤研究(C)）研究成果報告書）東京大学

笹田朋孝 2007「牧羊城出土の鉄器」『遼寧を中心とする東北アジア古代史の再構成』（平成 16 年度～平成 18 年度科学研究費補助金（基盤研究(B)）研究成果報告書）東京大学

潮見　浩 1982『東北アジアの初期鉄器文化』吉川弘文館

鄭仁盛 2004「楽浪土城の鉄製品とその生産」『鉄器文化の多角的研究』鉄器文化研究会

鄭仁盛 2007「楽浪土城の鉄器」『東アジアにおける楽浪土城出土品の位置付け』(平成17年度～平成18年度科学研究費補助金（基盤研究(C)）研究成果報告書）東京大学

福田正宏 2007『極東ロシアの先史文化と北海道』北海道出版企画センター

ブロジャンスキー、Д.Л. 2000「ロシア沿海地方の初期鉄器時代」『東夷世界の考古学』河出書房新社

村上恭通 1987「東北アジアの初期鉄器時代」『古代文化』第39巻第9号

村上恭通 1988「東アジアの二種の鋳造鉄斧をめぐって」『たたら研究』第29号

村上恭通 1994「ロシア極東初期鉄器文化における外来系文物」『名古屋大学文学部研究論集』119

村上恭通 2000「団結文化と滾兎嶺文化」『東夷世界の考古学』河出書房新社

村上恭通 2003「黄海をめぐる鉄技術・文化の展開」『東アジアと日本の考古学Ⅲ 交流と交易』同成社

村上恭通 2007「楽浪土城の鉄製品」『東アジアにおける楽浪土城出土品の位置付け』(平成17年度～平成18年度科学研究費補助金（基盤研究(C)）研究成果報告書）東京大学

(中国語文献)

黒龍江省文物考古研究所 1997「黒龍江省双鴨山市滾兎嶺遺址発掘報告」『北方文物』1997-2

吉林大学歴史系考古専業・吉林省博物館考古隊 1982「大安漢書遺址発掘的主要収穫」『東北考古与歴史』第1輯

林澐 1985「論団結文化」『北方文物』1985-1

王増新 1964「遼寧撫順市蓮花堡遺址発掘簡報」『考古』1964-6

(韓国語文献)

黄基徳 1970「茂山虎谷遺蹟発掘報告」『考古民俗論文集』6

(ロシア語文献)

Андреева, Ж. В., Жущиховская, И. С., Кононенко, Н. А. 1986 Янковская культура

Бродянский, Д. Л. 1987 Введение в Далньневосточную археологию

Деревянко, А. П. 1973 Ранний железный век Приамурья

Деревянко, А. П. 1976 Приамурье I тысячелетие до нащей эры

Окладников, А. П., Бродянский, Д. Л. 1984 Кроуновская культура, Археология юга Сибири и Дальнего Востока

基調講演

中国・納西族に残る石製笵による鋳造技術

シルクロード学研究センター
宮 原 晋 一

はじめに

　三船温尚氏（高岡短期大学・現富山大学芸術文化学部）と清水康二氏（奈良県立橿原考古学研究所）が青銅鏡の製作技術について共同研究を進めたことを契機に、両名が中心になって考古・鋳造・冶金の研究者が集い、1999年に二上山古代鋳造研究会を発足させ、異分野の会員が試行錯誤を繰り返しながら古代鋳造技術についての研究活動を継続しています。

　この活動の中で、現在でも中国雲南省に石笵を用いて鉄製農具を鋳造しているという報文を知って（王大道 1983）、その技術体系を記録するために2004年と2005年の2回にわたり雲南省曲靖市において調査を行ないました（三船ほか 2005）。ただ、曲靖市における鋳造は鉄溶解時の送風が機械動力であったために、ほかに伝統的な技術を保持しているところを模索していたところ、四川省木里県俄亜郷俄亜大村においても石製笵による鋳造の記録があるとの情報を得ました[1]。詳細についてはまったく不明であったため、2005年9月に事前調査として現地に入り、伝統的な鋳造活動がまだ行なわれていることを確認しました。2006年3月に打ち合わせを行ない、8月に再び現地を訪れ、実際に鋳造活動の記録調査を行なうことができました。

　今回、紹介するのは、俄亜大村において観察した鋳造活動の技術体系についてです。この調査に際しては、李暁岑氏（北京科学技術大学）・和力民氏（麗江市東巴文化研究院）・中井一夫氏（奈良県立橿原考古学研究所）と宮原が共同で行ないました。

　調査地では納西語を使用しているため、普通話では地元住民との意思の疎

通が困難な地域です。そのため、聞き取り調査に基づく社会学的な位置づけに関しては、和力民氏の成果発表を待たねば不明な点が多々あります。聞き取り調査に基づく情報も最小限加えていますが、調査時に正確に聞き取ることができていたかは怪しい点もあります。今年度末までに、各分野からの視点をまとめた調査報告書を刊行する予定であり、正確な社会学的位置づけはこの報告に期しています。

1 俄亜大村での調査

(1) 俄亜大村の位置

　俄亜大村は、行政区画としては四川省涼山彝族自治州木里県俄亜郷(オーヤ)に属する集落です（図1・2）。

　谷の渓谷北岸に位置し、斜面に100戸以上の家が密集しています。自動車が走行できる公路は開通しておらず、馬（ロバ・ラバ）を荷役に用いて徒歩で移動するほかに交通手段がありません。自動車が走行する公路へ出るには、雲南省域に抜けるほうが時間的に早く、四川省の上位機関へ行くときには雲南省麗江を経由していくそうです。こうした交通事情の悪さゆえに、文化大革命の時期にも紅衛兵が侵入することはなく、伝統的文化に対する破壊行為などの影響は最小限にとどまったそうです。居住民族としては納西族が多数を占め、ほかに蔵族や白族などが居住しています。納西族には東巴教(トンバ)という土着信仰があり、東巴という祭司者が、宗教のみならず言語・芸術・医学における実践者として社会の指導的立場にあります。雲南省麗江市も納西族が主に居住する地域ですが、文化大革命時に伝統文化に対する破壊工作が徹底的に行なわれたため、文革終焉後の東巴文化再興に際しては俄亜郷の東巴に頼るところが大きかったといいます。

図1　四川省木里県俄亜郷の全景

　俄亜郷へ調査に向かうに

図2　四川省木里県俄亜郷位置図

際しては、自動車で雲南省麗江市からシャングリラ（旧地名は中甸）へ北上し、東へ曲がって洛吉郷を経由して漆樹湾に向かいました。ここが車で走行できる終点です。翌朝、漆樹湾から乗馬して山を登り、下りは徒歩で移動します。省境には東西に高山が連なって山脈となっており、越えねばならない鞍部の標高は3,850mあります。地元住民にとっては漆樹湾から俄亜大村まで1日の行程らしいのですが、我々が山を越えた麓にある俄日村に到着できたのは日没後でした。さらに翌朝、俄日村から渓流に沿って東行し、肯米局（小村落）を通過して俄亜大村に入ります。麗江を出発してから俄亜大村まで、3日を要したことになります。

(2)　2回の調査

　2005年の予備調査時に、俄亜大村には鍛冶鋳造工房があり、鉄匠が活動を継続していることを確認しました。鋳造しているのは、牛に牽引させる犁の先端となる犁先と、起耕した土を振り分ける撥土板です（図3）。鋳造は常時行なっているのではなく、4～5年ごとに3ヶ月ほど操業するとのことです。ここ数年していなかったので、村民が使用している犁先も摩耗して短くなってきたころであり、そろそろ翌年あたりに鋳造を行なう予定だった、と鉄匠はいいます。鉄匠の兄が東巴であるため、鋳造開始日についての吉祥占いをしてもらい、その日時に合わせて再度訪れることを約しました。その日取りは納西族の暦で旧暦（農歴）とも異なり、太陽暦への換算まで紆余曲折がありましたが、

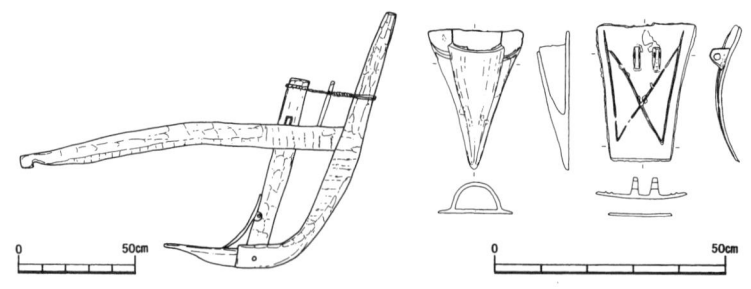

図3　牛犂と犂先・撥土板

結果的には、2006年8月9日に鋳造は開始され、12日までに延べ3日、計5回の鋳込み作業を観察することができました。

(3) 村の鉄匠

俄亜大村の鉄匠は名を木瓜烏究（納西語の中国語表記）といいます。人民公社時代に鍛冶と鋳造を学び、公社解体後に独立して工房を構えました。現在では村内で唯一の現役鉄匠であり、年齢は60歳前後くらいです。鍛冶鋳造を専業にしているのではなく、需要に応じて稼働しているらしいのです。鋳造は数年の間隔をあけての操業ですが、鍛造仕事は依頼があればそのたびに行なっているとのことです。余剰生産を他村へ売りに回ったりはしません。鋳造時には、若い弟子二人が手伝っており、後継者を育成中です。

俄亜大村へ向かう途中の俄日村では、壊れた犁の石製笵と廃棄されたフイゴを確認しています。肯米局には若い鉄匠・礼拉杜基がいて、鍛冶鋳造工房も現存します。父親のあとを継いだといいます。我々が滞在する間に肯米局工房が操業されることはありませんでしたが、集落単位に鉄匠がおり、鍛冶鋳造を行なう工房を構え、集落内での需要にこたえる生産を行なっていた往時を推測できます。

2　俄亜大村の鋳造技術

(1) 鍛冶・鋳造工房（図4～6）

工房は、俄亜大村の北西端部に位置しています。周辺には家畜小屋や木工加工場などの建物があるだけで、住居区とは離れた一画にあります。火災事故に考慮した選地なのでしょう。南側に急傾斜した土地を削り込んで整地した場

図4　工房全景　　　　　　　　　図5　工房内部

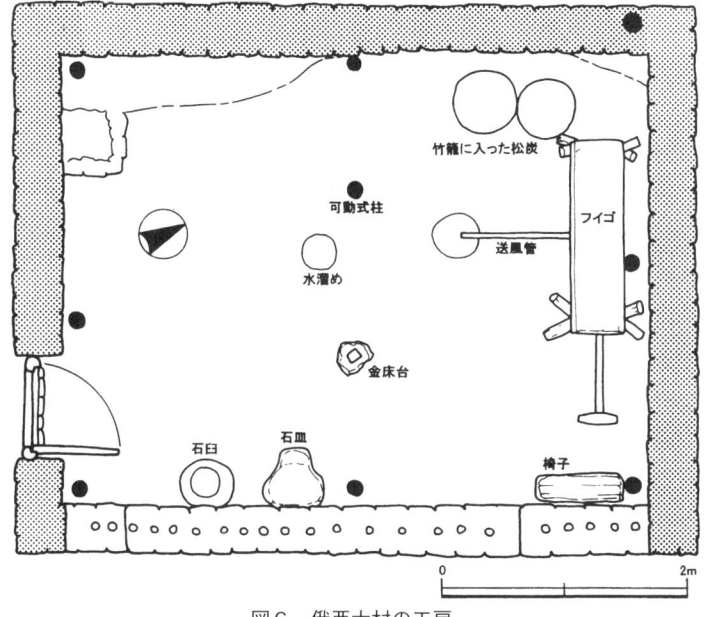

図6　俄亜大村の工房

所に工房は立地しており、内側から見た工房の壁面は、北側を中心に下半が削りだされた岩盤の露頭となっています。壁は河原石を積み上げ、隙間に石灰を挟み込んで、ほぼ垂直に立ち上げています。その内部に、内壁に接して2間×3間の柱を立て、横木（梁桁）を組み細い丸太を南北に敷き詰めて、その上位には板石を敷き、露出する最上位には砂利混じりの石灰土を塗って仕上げています。床面から天井までの高さは3.3mあります。屋上は平坦ですが、雨水処

理のためやや南に勾配をとっています。天井には1ヵ所に穴をあけ排煙口とし、雨天時には板石で覆いをするようになっています。南壁は最も低い部分で床から1.3mとし、その上位に角材を立てて格子にした「窓」が大きく開いています。室内は明るく、排煙にも効果的な構造となっています。石壁と天井部・屋根のつくりは俄亜大村における一般住居と共通する構造ですが、①内壁が石壁のままであること、②土床にしていること、③格子「窓」を大きく作ること、の3点が住居と相違する特徴です。

　工房空間は、東西4.8m、南北3.5mあり、東壁に接してフイゴを設置しています。炉の位置はフイゴから延びる送風管の長さで自ずと決まることになり、中央より東に寄った場所にあります。南壁東端にはフイゴ操作時に座る椅子が置いてあり、中央よりやや西側に低く浅い石臼と石皿を埋めて並置しています。北壁沿いは資材置き場に供され、炉より西側が作業空間として確保されています。図6は鍛冶作業をしていた2005年度の記録であり、中央の柱は取り外しが可能なため鋳造時には外されていました。同様に、金床の脚台や焼き入れのための水溜めも、鋳造作業時には移動され埋め戻されています。この記録後に、東側に一室が加えられる増改築が施されていましたが、貯木場として利用されており、工房自体を広げたわけではないようです。ただ、西壁にあった出入り口が南壁に移築されています。

(2) **フイゴ**（図7・8）

　丸太材を刳り抜いたものを本体とする筒フイゴです。筒部は長さ155cm、小口での外径36cm、内径28cmです。筒部の両小口を閉じる蓋は、内刳りに沿った丸い板の側縁に相欠き仕口が2ヵ所にあるもので、両小口には外気取り入れ口が5×7cmの長方形に穿たれており、内側に逆流を防ぐ弁が付いています。筒部側面には圧縮した空気の通過溝が突帯状

図7　工房内のフイゴと土床炉

図8　俄亜大村のフイゴと溶解炉

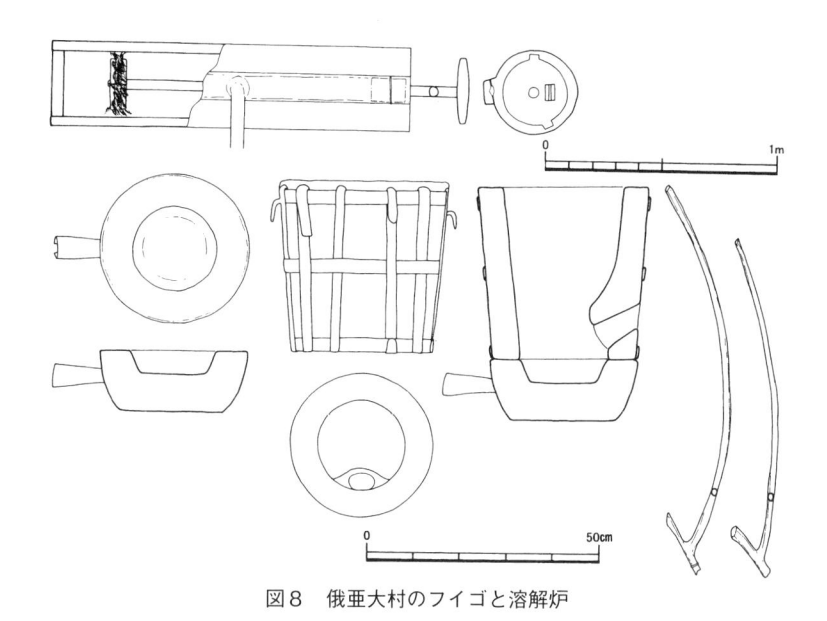

に削りだされており、溝の上面は別材で覆っています。この突帯となった中央に、送風管へつながる円孔が開きます。溝内部の両小口側に円筒から圧縮空気が通過する方形孔があり、ここにも逆流を防ぐ弁があります。弁は樹脂状のものが浸みた厚手の布を使用しており、交換のためにこの部分の蓋は別作りになっています。小口より押し引きする柄は長さが145cmあり、先には径22.5cm、厚さ7cmの押し板が結合されています。押し板の側縁（外周）には幅2cm、深さ3cmの溝が彫り込まれ、ここが筒内径と隙間なく密着させるために羽根を巻きつける際の紐の通り道となっています。羽根は鶏の尾羽根から柔らかい部分が選択されたもので、一つかみを束にして羽軸を糸で束ね、それを二股にわけて紐を通し、同様の作業を繰り返して順次詰めながら全周にめぐらせています。円筒を別材で塞ぐ部分には目地ができますが、そこから空気の漏れを防ぐために、新鮮な牛糞を塗り込んでいます。フイゴから伸びる送風管は、単管と鉄板を筒状に巻いた部位からなります。円筒鉄板を単管に針金で巻いており、長さが調節できる可動式となっています。単管の径は4cmです。

　フイゴは、丸太材を二本交差させ、一本の支脚を丸太材中央の方形穿孔に差し込み固定した台を2つ用意し、柄のある側が高くなるように据え付けてあ

ります。椅子に座りながら前後に操作します。鋳造工程においては、フイゴ本体の横に板を添わせ防火壁としていましたが、鍛冶の際はつけていません。

　ちなみにこのフイゴは、鉄匠が人民公社から独立したのちに自作したといいます。幹がまっすぐに伸びたクスノキを山中で探し出すのは容易ではなく、製作よりも用材を探すことのほうが大変だったといいます。フイゴ本体にはほとんど痛みがなく、消耗する部位の交換をするだけで耐用年数は長そうでした。

(3)　**溶解炉**（図8）

　円形の縦型炉で、上下2段構造となっており、下位は取鍋(とりべ)としての機能を併せ持っています。組み合わせ式の円形縦型炉と称することができましょうか。いずれも外枠を幅3cmの鉄板を交差させて組み、上部炉は内側に土を貼り付け、下部炉は鉄枠を芯として内外に土を貼り付け成形しています。下部炉の外枠は側面に袋部があり、湯を注ぐ際に木柄を挿入し持ち上げることができるようになっています。溶解する鉄の量は、犁先と撥土板の一組分です。

　下部炉の大きさは外径31cm、高さ13cmあり、中央の窪みは径18cm、深さ5cm。上位炉は高さ37cm、外径が上端37cm、下端31cm、壁の厚さは5cmあります。送風管の先端を入れる部分に斜めに孔をあけ、内壁側では孔周囲を覆うように壁を厚くし廂状にしています。送風管からの圧縮空気を炉底に向ける導線になり、他の部位よりも溶解時に高温になるため炉壁が耐えられるようにする工夫と考えられます。上位炉には下部炉に乗せたり外したりする際に利用する小さな取っ手が2ヵ所付いています。移動時には取っ手に柳の枝で作った鉤を掛け、吊上げます。2005年に溶解炉を観察した際は、内外面とも炉壁の剥離が著しく、亀裂が入ったままで放置されていましたが、2006年の初鋳前日には補修を加え焼成してあり、鋳型とともに事前に加熱されていました。1回の操業ごとに破損した箇所の補修を行なう必要があり、工房内には2組の炉があります。

　据え付けに際しては、地床炉の中に下部炉の底が埋まるように水平に据え、窪み周辺の平坦な縁に牛糞に木灰を混ぜたものを捏ねて帯状に広げ、その上に木灰だけを撒き、上位の筒部を乗せています。牛糞主体の素材を介在させることで、空気漏れと炉の上下が溶着することを防いでいます。

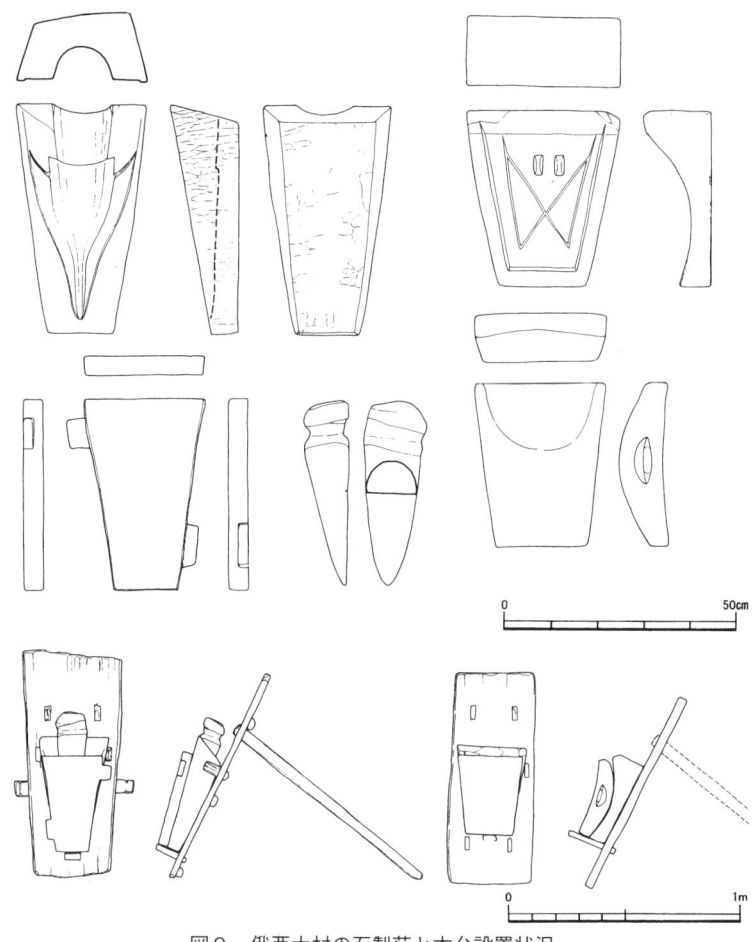

図9　俄亜大村の石製范と木台設置状況

(4) 鋳　型（図9～11）

　2005年には、工房北壁沿いに犁の石范が無造作に積まれていました。工房内には犁先鋳型が5組、撥土板鋳型が2組あります。撥土板はほぼ同形ですが、犁先には大小の大きさが異なるものがあります。石材はきめの細かな砂岩で、角ばった板状の形状をとどめています。両面鋳型ですが、彫り込みがあるのは片面だけで、もう一方には彫り込みがありません（以下、彫り込みのある側の鋳型を下范、蓋になる彫り込みのない側を上范と仮称します）。鋳造面以

図10　中子を装着した犂先鋳型　　　　図11　鋳型を固定する木製台

外には荒削りした際のノミ痕跡を残しています。鋳型に用いる石材は、俄亜大村の対岸にある俄亜郷政府建物付近から採掘するそうです。

　犂先の鋳型は、両笵の合わせ面が平坦面であるため、すり合わせさえ問題なければ上・下笵の組み合わせは厳格ではありません。両笵の平面形は一致しておらず、上笵が破損してもほかのもので代替ができます。そのため、側面に型合わせのための刻線などはありません。彫り込み作業は実見できていないのですが、過去に制作した製品を鋳型面にのせ、あたりをつけ、彫る作業を繰り返すとのことでした。犂先の袋部上端は石製中子の型持たせにするため、一段浅くかつ幅を狭くしています。したがって鋳込んだ製品は、袋部上端が身の上端縁より下位になります（図3）。取り外しの便のため上笵側面には、持ち手を凸状に削りだした笵と、長方形に孔をくぼめたものとがあります。いずれも、左右対称位置ではなく、千鳥に配されています。

　撥土板は、縦横ともに湾曲する形状であるため、彫り込む前の両笵のすり合わせ面を作ることが難しいようです。上笵側に過去に作った撥土板をあて削る作業を繰り返し、鋳型面に湾曲を完成させたのち、下笵に上笵の湾曲を合わすように削り込む作業を重ね、下笵側を彫り込むようです。上下笵の平面輪郭はほぼ一致しており、縦横に湾曲する擦り合わせ面であるため、これにも型合わせの刻線はありません。犂先より撥土版の鋳型作成に時間がかかり、犂先鋳型に2日ほど、撥土板鋳型に4〜5日を要するとのことでした。撥土板には犂に固定するための双鈕があり、この部分には円筒形の焼土の両端を削りながら調整し、鋳型の鈕部分に中位で止まるようにはめ込んでいます。上笵の両側面

には、持ち運びのために弧状のくぼみが左右対称位置に穿たれています。撥土板と犂先は、両笵を合わせた際に下笵側の上端が上笵側よりも高く、この段差が湯口と重なるため、鋳造時には湯口への受け部を必要とせず、直接湯を流し込むことができます。

　鋳型を固定して立たせるためには、木台を使用します（図11）。板材に鋳型の形状に合わせた長方形のほぞ穴を穿っておき、下辺を支える部分にほぞ材を挿入し下笵を置きます。そして上笵を重ね、目地に木灰を混入して練った牛糞を塗り込めます。そのあと、鋳型上面に横木を置き、木台背面に釘留めしてある横木と濡れた麻紐を小枝で捩じり締め、固定します。そののち木台を起こして、背面から２本の支脚を挿入し、鋳型を立たせます。実見した限りでは、犂先・撥土板笵の両方ともに支脚を用いて並列させたときと、支脚を用いた犂先笵に撥土板笵をもたれさせて、湯口が縦列になるようにした場合とがありました。

　鋳造前日に工房を訪れた際、鋳型は工房内で火の周りを取り囲むように並べられており、乾燥作業を行なっていました。薪を燃しているため、密閉されていない工房であっても煙が充満しており、笵面に煤が付着します。複数組を並べていましたが、実際に使用したのは犂先と撥土板鋳型各一組です。大きな犂先の需要が少ないことと、操業中に割れた時の備えにするため準備しておいたとのことでありました。計５回の鋳造中に破損することはなく、調査中は連続して同じ鋳型を使用していました。

　なお、土製笵でも制作していたことがあったようです。というのも、外枠に使用していたと推測できる木製品が破損した状態で工房内に放置されていたことによります。形状からすると犂先鋳型の輪郭に似ています。鉄匠に聞いたところ、以前は土製笵でも鋳造していたが失敗する確率が高いので今はしていないとのことでした。

(5)　灰・粘土・土

　溶解炉を形成したり送風管をフイゴと溶解炉に留めるときに用いる土を作るために、工房には以下の材料が用意されていました。使用部位に合わせて混合率を変化させているようですが、調査は不十分なままに終わっています。土練りには、工房内の石皿を使っています。

山土起源素材　紅色の土で、粉状にして平たい竹籠に盛ってありました。簡素なふるいに通します。工房から半日くらいかかるところから採集してくるのだといいます。溶解炉の主たる粘土材料です。

　砂岩起源素材　淡い青灰色をしたもろい砂岩を、工房内の石臼に入れ、柄の外れた金槌を杵とし粉体化したものです。紅土に混ぜて使用します。含有率の高いものが、上位炉内面の送風口を覆う廂部分などのより高温になる部分に使用されます。紅土よりさらに遠いところから採集してくるといいます。

　木　灰　きめ細かな灰白色のもので、炭化物はまったく混じっていません。自宅の囲炉裏にできる灰をとっておくのだといいます。

　牛　糞　上下炉の接する部分、フイゴや鋳型の隙間を埋めるときに使用されます。他の家畜の糞では都合が悪く、牛のものでなければならないといいます。細かくなった植物繊維が多く混じり、臭いはあまりしません。肥料関係の資料を調べると、牛は排泄までに消化を繰り返すので有機物が少なく、馬や豚の糞に比べ糞の発酵が遅いそうです。

　ワラ灰　初鋳前日に屋外でワラ束に火をつけ、黒くなった灰を集め、水を加えて練って柔らかい墨のようなものを作ります。これを水に溶かし、鋳造前の鋳型面に筆で塗布します。筆はフイゴに不要になった羽束を細竹に挿入し、羽根の根元を巻きつけていた紐を引っ張りだし、小口側に巻き付けたものです。

　これとは別に、溶解炉に火を入れてから、室内北壁沿いで燃やして作ったワラ灰があります。充分に焼かず、炭化していないものも残った状態で集めておきます。このワラ灰は、上位炉を取り外して下位炉上面の溶解鉄が露出してすぐに、上面にまき加えるためのものです。

(6)　**燃　料**

　鉄を溶解するための燃料は、松炭です。縦に裂いた松材を素材にしており、運び込んだ炭は工房屋外で小割りし、丸く編んだ竹籠で保管します。籠の大きさは、高さ60cm、長径60cmあり、初鋳の前日に2籠分の木炭が工房北壁沿いに用意されていました。炭小屋は離れた山中にあり、冬に操業するといいます。どのような炭窯なのか確認できていません。

　鋳型を加熱する際には、薪を使います。乾燥した松材で、細かく裂き割っ

た形状のものを多用します。溶解炉を着火する際も、裂いた薪を利用しました。

(7) **鉄材料**

　今回の鋳造では、「けら」状塊が用意されていました。気づいたのが遅く、残念なことに持ち込まれた際の正確な記録ができていません。厚さは約3cmあります。あいまいな印象を記せば、幅約40cm、長さ約1mの長方形をしており、これが製鉄炉の形状を反映したものであるならば、小型の長方形縦型炉で製錬されたものであることが予想できます。工房の屋外において、大槌で叩き割り、さらに小割りを重ねて一片を20cm以下にして利用します。断面は白銀色で、海綿状に気泡が入っています。鉄匠は山から持ってきたというだけで、その由来を詳しく語らず明確でありませんが、過去に製鉄していたことがあり、どこかに保管しているらしいです。人民公社時代に製鉄を行なったことがあったらしいのですが、それと関係あるのかも不明で、この件についての調査は不十分に終わっています。

　これとは別に、農具を求める家から摩耗したり破損した犂先や撥土板が工房に寄せられ、素材として再溶解されていました。

(8) **鋳造工程**（図12～16）

　初鋳の際は、犂先だけを鋳込んでいます。この際は、東巴祭祀と並行して鋳造作業が行なわれており、そのことと関連するようです。2回目の鋳造はいずれも犂先と撥土板の一組を鋳込みます。5回の鋳造を観察しましたが、その平均化した工程を記述しましょう。

　作業は、鉄匠と若い弟子二人で行ないます。溶解炉着火前に、地床炉部分に溶解炉を仮置きして加熱します。その北側で、犂先・撥土板の鋳型が范面を内側にして逆V字形に組まれ、その下で焚き火を行ない、范面を加熱します。途中で解体し、范面ににワラ灰で作った墨汁を鶏羽の筆で塗ります。鋳型は加熱されているので、すぐ乾きます。そのあと再び、鋳型への加熱を再開します。この作業のあと、溶解炉の据え付けを開始します。まず、下位炉の下半を地床炉に埋めて据え置きます。水平にしたあと、上位炉と接合する平坦面部分に牛糞主体の土を押し広げ、その上面に木灰を撒き、上位炉を乗せます。上下の炉を組んでから、送風管を上位炉の送風口にあてがい、隙間に土を塗りま

図12　鋳型と炉を乾燥させる 　　　図13　炉底に鉄素材を投入する

図14　鉄棒先で融解具合を確認する 　図15　上位炉を外し、下位炉を持ち上げる

図16　鋳型への注湯 　　　　　　図17　雲南省曲靖市の注湯

す。これで溶解炉の準備ができました。

　炉に松炭を満杯に投入し、裂いた薪で着火します。フイゴの稼働が始まります。鉄素材の投入は、松炭投入に先行した場合と、松炭に着火してから投入した場合とがあり、厳密なものではありません。フイゴの操作間隔は、最初の

テンポは緩やかですが，途中、炭を補給しながらフイゴの稼働がリズミカルに速くなります。炉の温度変化を知るために、上位炉の口端に鉄素材を乗せその色の変化を見た時もありましたが、炉から抜ける空気の音と、たちあがる炎の色で様子はある程度わかるようです。着火より30分後、加熱していた鋳型を木台の上で組み始めます。合わせ目に牛糞を詰め、上笵を固定させてから、西南部に支脚を南に延ばして斜めに立てます。側に袋部で着柄する鉄棒（全長110cm）を用いて炉内をかき回し、溶解度合いをみます。送風管をとりつけた際に塗りつけた土をわずかに外して小さな穴をあけ、炉底の色を肉眼でも確認します。着火38分後に下位炉に木柄を挿入。フイゴの操作は弟子が行なうこともあったようですが、後半は鉄匠が必ず行ないます。注湯する直前には、フイゴの柄の動く範囲が狭く（前後の動きが小さく）、かつ押し引きの速度は速くなります。このため、炉内の温度をさらに上げるためのフイゴ操作は、まだ弟子にさせることができないのだろうと思われます。

　43分後にヤナギの枝で作った鉤で上位炉を持ち上げ、下位炉の上面にワラ灰を投入します。下位炉に挿入された柄を持ち上げ、左回りに回転させて鋳型への注湯となります。その順は、撥土板笵が先で、犁先笵があとです。いずれも、湯口からあふれる手前で注湯を止めます。下位炉を元の場所に戻し、犁先の中子を取り外すために金鋏の柄で挟み込み、てこの応用で引きあげます。45分後に、支脚をはずし鋳型の木台を横たえて上笵を取り外し、まだ赤い製品を金鋏で取り出し、急冷を避けるために地床炉の灰中に入れます。46分後、下位炉に残った鉄を金鋏でつかみはずし（石製容器に流すこともあった）、次の溶解素材とします。これで、一回の操業単位は終了となるようです。

　終了後には、炉の損傷具合を確認し、破損した部位に土を塗って補修し、焚き火に当てて乾燥させます。上位炉内部の送風孔周囲にある廂部分と下部炉の上面は、必ず補修対象になっています。

　なお、金鋏と木柄のある工具を介在させる作業や石笵の移動などは、すべて素手で行なわれます。軍手のような手を保護するものはまったく使用されることはありませんでした。

3　おわりに

　雲南省曲靖市における石范鋳造技術と比べると、俄亜郷でのあり方はより古式であり、「近代化」する以前の工房のあり方をとどめています。ただ、すべてが伝統的なものといえるかというと、そうではありません。例えば犁先范における中子についてですが、肯米局で実見したものは土製の型持たせで支える土型でした。俄亜郷内において使用している犁先を観察しても、「はばき」に中子を密着させて袋部を作った特徴を有する製品は俄亜大村においてのみ観察できるものです。伝統的なものだけではなく、さまざまな創意工夫が新たに加えられていることを考慮する必要があります。詳細は別稿に改めますが、犁先および撥土板を石范で鋳造する技法そのものも、時代的に古くまで遡るものではないと考えています。とはいえ、特別な材料や機材を使用することなく、生活圏の中にあるものだけを素材にして鋳造を可能にしている技術体系から、得ることができた情報はたくさんあります。

　今後、祭祀との関連や村における位置づけなど、社会学的な報告とあわせることで、今回の調査をさらに深化させる予定です。また、雲南省で行なった古代の石范調査とあわせた研究会を、2008年7月に奈良県立橿原考古学研究所において開催予定であることを付言しておきます。

註

1）　李暁岑（北京科技大学）の教示。宋兆麟 2003『俄亜大村－一抉巨大的社会活化石』四川人民出版社の「冶鉄」pp113-118 に犁先と撥土板の石范について紹介しています。ただ、写真に掲載されている犁先の石范は背面が丸みを帯びており、中子の形状も今回観察した資料と異なります。俄亜郷内の村ごとに鋳造方法に個性があることを確認しており、異なる地点で観察されたものが紹介されているのではないかと予想しています。

参考文献

王大道 1983「従現代石范鋳造看雲南青銅器鋳造幾个問題」『雲南文物』雲南省博物館

三船温尚・菅谷文則・清水康二・横田勝 2005「雲南省曲靖市珠街における石製范鋳造技法の調査」
橿原考古学研究所・二上古代鋳金研究会『鏡范研究Ⅲ』

日本学術振興会科学研究費補助金「中国に現存する石范鋳造技術の調査をもとにした古代石范鋳造技術の研究」基盤研究(B)、2005-2008 研究課題番号 17401029 による研究成果の一部です。
　追記：本基調講演を発表後、下記において詳細報告を行った。
橿原考古学研究所・アジア鋳造技術史学会 2008『石范を用いた鋳造の研究』

基調講演

古代韓半島鉄生産の流れ

韓国国立済州博物館
孫　明　助

はじめに

　韓半島で鉄器文化の始まりはいつか。この解答は、出土した鉄器との共伴遺物を通じて求めることができるでしょう。これに反して、鉄生産がいつから始まったのかの質問には、生産と係わる積極的な資料がない場合、鉄器が出土する時期から始まったと言うことは難しいでしょう。それは、どの地域のどんな文化でも、新しい文物を受け入れて、展開していく過程には、最初から本格化するのではなく、一部段階での流入、純粋に輸入の段階などの過程を大抵通ることになるからです。

　特に、鉄の使用と鉄の生産は、鉄が持っている技術的、自然環境的特性が強いので"使用＝生産"という簡単な等式を成立させることは難しいのです。韓半島の鉄器文化も、このような基本的な流れから、鉄生産を見なければなりません。韓半島の鉄器文化は、他地域からの流入時点、韓半島への波及時点、展開過程での地域的特性などが多様に交差しながら、韓半島全体の鉄生産の流れを導いていっているからです。

　しかしながら韓半島の鉄生産の問題は、北韓地域の調査と情報が無いことが多くの障害になり、南韓地域でも鉄器、鉄生産に対する認知が、考古学的にも遅く進行した関係で、その調査例が非常に珍しく、最近立ち入ってこの部分に対する調査活動が本格化され始めた段階です。したがって、本稿ではすでに知られた資料を中心に、地域的にも百済、新羅、伽耶を中心に、時間的には新羅統一期までの鉄生産を対象として調べました。

1　韓半島鉄生産の流れ

(1)　韓半島鉄器文化の開始と鉄生産

　韓半島地域で初期の鉄器群は、まだ生産遺跡の調査例がないので、出土した鉄器の形態で判断するしかありません。現在まで知られた朝鮮半島の最初のものは渭原龍淵洞遺跡と細竹里遺跡出土鉄器で、これは紀元前3世紀頃、いわゆる細竹里─蓮花堡類型に代表される地理的に清川江以北に位置した一群の鉄器などです。これらの遺物は、戦国晩期の燕地域で燕下都遺跡を中心にする鋳造鉄器と等しい製品と判断されます。それでは、この時期にこのような種類の鉄斧がこの地域で生産されていたのでしょうか。また鉄生産が可能であったのでしょうか。地理的に清川江以北の鉄器は、自主的に生産されていたというよりは、燕国との関連性による輸入品である可能性が高く、純粋な輸入段階としての鉄使用を意味していると考えられます。

　以後、清川江以南地域から主に西北韓地域を中心に鋳造鉄器と細形銅剣がセットされた一群の鉄器が出土しています。この時期は、紀元前2世紀を前後した時期で、楽浪郡が設

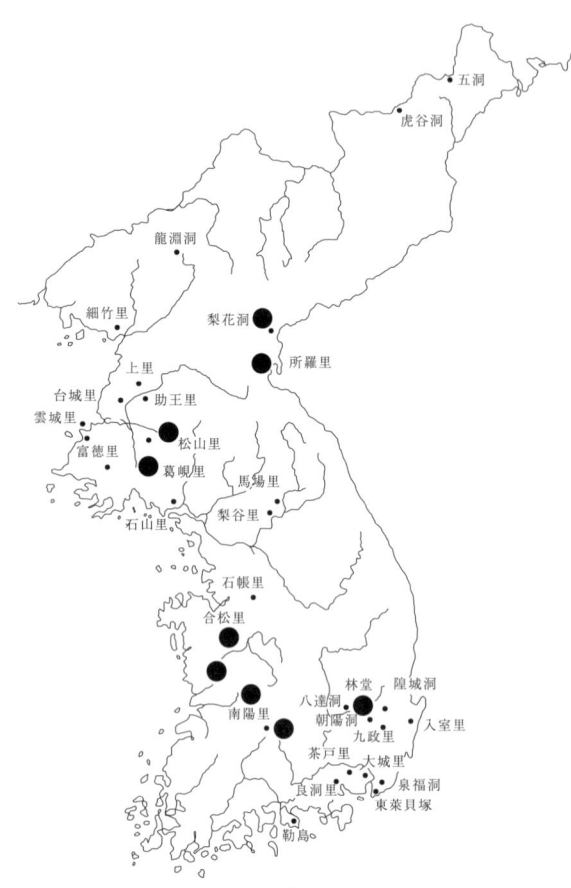

図1　韓半島古代鉄関連遺跡

置される以前の段階になります。ところで、この時期の鋳造鉄器は、既存の清川江以北地域の鉄器とは形態的に違って、新しい鉄器の製作が行われたことがわかります。これはすなわち自主的な生産活動が成り立ったことを意味しているのであり、この技術的伝統の歴史的背景には、燕斉住民の移動と衛満朝鮮流民の移動などの一連の鉄器製作者集団の移動があり、これらから鉄器生産が開始された可能性を見ることが出来ます。たとえ鉄生産遺跡が確認されていなくとも、自主的に生産活動をしたことを窺うことが出来ます。そして、楽浪郡の設置とそれに伴う準王の南下という歴史的な事件は、西北韓の鉄器所有集団の韓半島中西部地域への移動のきっかけとなりました。このことが、南韓地域での鉄器生産の始まりとなったと見られます。

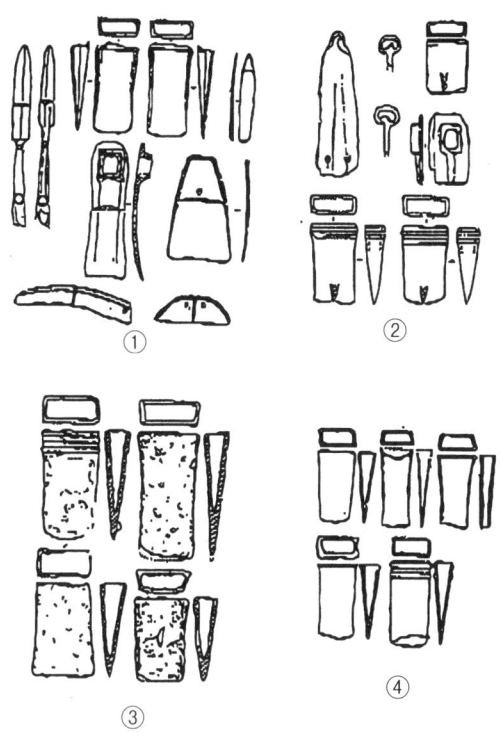

図2　戦国時代　燕の鉄器文化

(2) **南韓地域への鉄文化の波及**

まず、西北韓地域の鉄器の南下は主に中西部、特に西海岸地域を中心に現れます。鉄器と青銅遺物の構成から見るとほとんど同じ系統です。

しかしこの段階で、果たしてこの地域で自主的な鉄生産が成立したかは疑問です。それは、この鉄器群は一時的に見えてはいますが、すぐに途中で消滅してしまうからです。これは、逆から見れば、西北韓地域から伝わった鉄生産と鉄器製作（鋳造鉄器文化）は、他の新しい技術集団で代替され、新しい生産体系に変化したことを示しているのです。

すなわち北韓地域の場合、紀元前1世紀から現れる鍛造鉄器を中心に一群の鉄器文化が新しく登場してくることを見ることが出来ます（図3）。特に、この時期からは、本格的な鉄器の副葬が成り立ち、北韓地域での活発な鉄生産を見ることができます。しかし高句麗の成立と係わる遺跡の材料が少なく、これ以上の北韓地域の鉄生産に対しての考察は資料の増加を待ちたいと思います。

また南韓地域に下れば、先進的な鋳造鉄器文化は衰退して、むしろ韓半島東南地域を中心に新しい鉄器文化が急速に発展していることがわかります。その代表的地域は、大邱と昌原地域

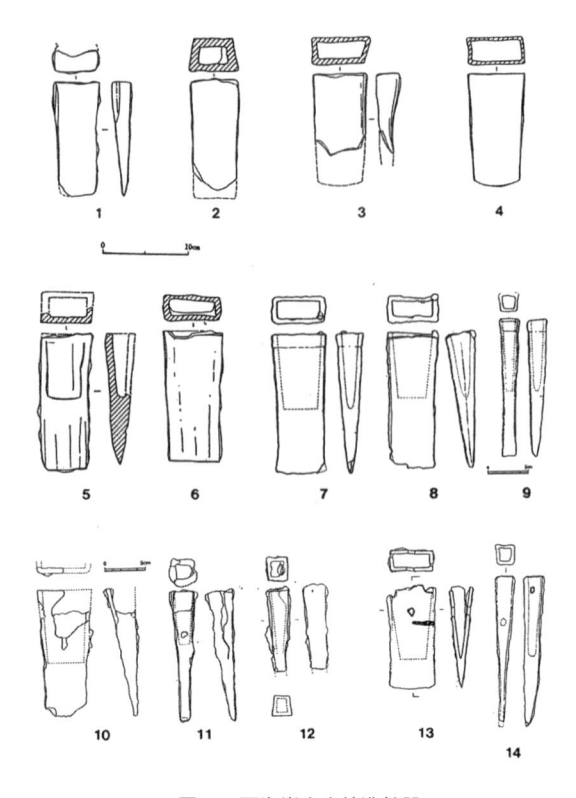

図3　西海岸出土鋳造鉄器
1：黄海北道　松山里　2・6：咸鏡南道　所羅里　3：咸興市　梨花洞　4：遼寧省　老虎山遺跡　5：黄海南道　石山里　7～9：夫餘　合松里　10～12：唐津　素素里　13・14：長水　南陽里

です。紀元前1世紀頃、既存の鋳造鉄製品から脱して、独自な形態の板状鉄器、タビなどが製作され、木棺墓に鉄器中心の副葬が始まったことから、鉄生産が始まったと推定することが出来ます。

しかし不幸にも、この時期の鉄器が多く出土しているにもかかわらず、生産遺構や関連遺物はまだ確認されていません。だから出土している鉄器の様相から見て、鉄生産が成し遂げられたか否かを推測するのですが、どの地域で生産されたか、どんな鉄を生産したかはまだわかっておらず、既存の拠点の鉄生産地域から持続的に供給を受けた可能性もあります。

(3) 南韓地域鉄生産の転換期

　紀元2世紀頃になると、鉄生産の直接的証拠が金海昌原地域と慶州地域に見られ、本格的な鉄生産が始まったと思われます。

　昌原茶戸里64号墳から鉄鉱石が出土しています。墳墓内に鉄鉱石が副葬されたという事実から、鉄鉱山が開発され始め、自然に鉄生産が本格化されたと思われます。この64号墳の年代は、土器編年を根拠に見ると、2世紀前半―中頃に該当する時期で、言い換えれば木棺墓の最後の段階に当たります。以後、木槨墓の発生とともに鉄器文化には急激な変化が現われました。

　すなわち、この時期と前後して墓制が木槨墓に移行して、鉄器遺物が積極的に多量に副葬されるようになり、鉄器の形態変化が起きたのです。金海良洞里で見られる鉄器の大量埋納現象と漢式鉄器の登場など、量と内容面で急成長していることがわかります。特に板状鉄斧の新しい形態である棒状鉄斧が製作されたことは、南部地域で鉄生産の本格化による鉄器製作素材が変化したことで、鉄生産者らの意図によって新しい流通生産物が誕生したことを物語っています。

　また、鉄生産遺構においても、慶州隍城洞遺跡で2世紀代の住居址内から銑鉄の小形鉄塊と大形鉄塊などが出土している点は、本格化された鉄生産が成立したことを示しているのです。

　特に、既存の板状鉄斧から脱して、棒状鉄斧とともに大形板状鉄斧が製作されること自体から、2世紀中頃以後、韓半島東南部地域を中心に、たとえ関連遺跡

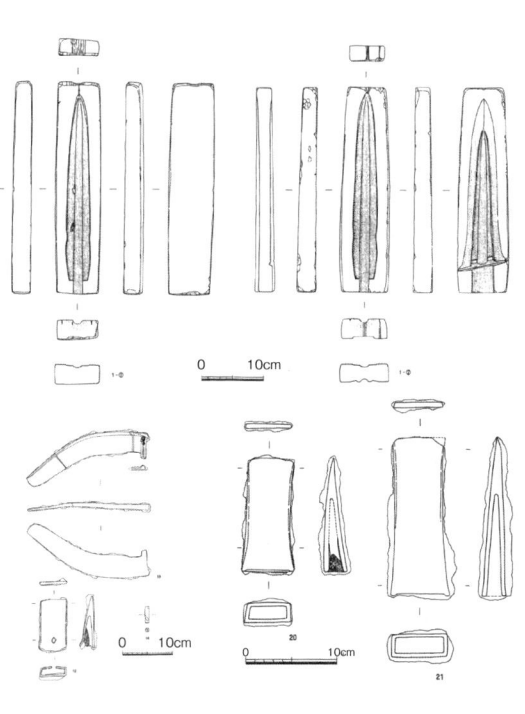

図4　完州葛洞遺跡出土細形銅剣鋳型と鋳造鉄器

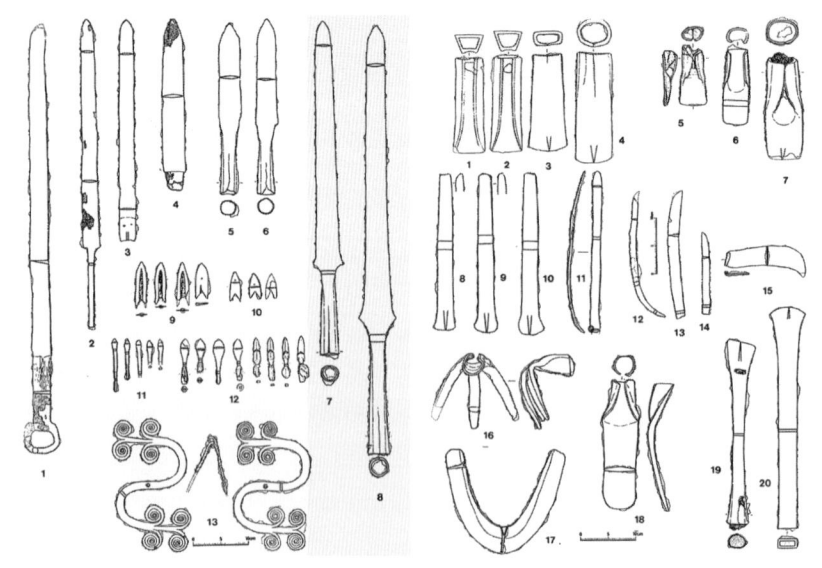

図5 弁・辰韓地域の鉄器

が確認できなかったにしても、新しい生産流通物の登場と、大量埋納および倭、漢代遺物の出土なども考え合わせれば、鉄生産と流通構造が独自に進行していたことがわかります。このことからこの地域は三国志魏志東夷伝の記事の根源地とも考えられます。

(4) **鉄生産の内部成長期**

　3世紀後葉から4世紀前葉にいたる時期になると、南韓地域では、忠清北道鎮川、忠州一帯と慶州から大規模な鉄生産遺跡が確認されました。

　代表的な2ヵ所の鉄生産遺跡は鎮川石帳里遺跡（図6）と慶州隍城洞遺跡（口絵5・7）です。石帳里遺跡一帯からは周辺の豊富な鉄産地を基盤として大規模な製錬作業が行なわれており、隍城洞遺跡は直接鉄器を製作、供給する専門集団であるという性格の遺跡で、製錬と鉄器製作が区分され、分業化していたことが注目されます。

　3世紀後半になると、国内事情は、小国を併合していく統一国家形成期として何よりも鉄と係わった生産集団の再編成と鉄の生産供給体系の掌握が必要な時期であったため、石帳里、隍城洞のように分業化された鉄器生産体制を確立しながら、大量生産体制を整えて、鉄生産が国家的次元で進行して行なわれ

たことがわかります。
　このような様相をまとめると、以下のようになります。
　①　馬韓、弁韓、辰韓すなわち三韓の内部成長期で、中心勢力にとって彼らの勢力拡張のためにはまず鉄の確保が必要でした。このため馬韓地域は忠州一帯の豊かな鉄鉱山を開発し、金海地域では勿禁鉄鉱山を、慶州では隣接する蔚山達川鉱山を開発し、鎮川石帳里と慶州隍城洞遺跡のような大規模生産集団が登場し、鉄生産が本格化し、大量生産されました。
　②　3世紀後半は、国際情勢からは、楽浪の統制力が弱まり、既存の流通構造から脱却して新しい流通ルートを開発するようになりました。その新しい流通ルートは日本列島への内部流通です。すなわち鉄器の主要輸入場所であった楽浪の弱体化により、新しい輸出場所である日本列島に取って替わりました。当時日本の情勢は、大和政権の成立過程で、何より鉄の需要が高まっていたのであり、以後持続的に鉄の供給ルートを確保するようになりました。
　③　生産物の内部流通が主力になると判断されます。すなわち百済、金官伽耶、新羅の成立には、持続的な勢力掌握のために鉄器の需給という経済的な基盤を必要としたはずです。その結果が3～4世紀代の生活遺跡で、鍛冶工房が集中的に増加し、簡単な鉄の道具が定型性なしで製作される点で、各々地域ごとに充分な鉄器の供給ができる生産量と流通構造が完成されていたことがわかります。
　このような様相は、4世紀まで持続的に進行していて、もう一つの流通媒体である鉄鋌の誕生につながりました。

(5)　**百済、新羅、伽耶の鉄生産**

　百済地域では、3世紀代の木槨墓段階に入ると、本格的な鉄器の副葬が見られ（清堂洞、松菜里遺跡など）4世紀代になると中西部地域を中心とする古墳で多量の鉄器副葬が始まりました。すなわちこの時期に入ると、鉄生産は錦江流域圏、栄山江流域圏ではまだ関連遺跡や鉄生産と直接的に関係する遺物が見られないので断言はできませんが、百済が忠州地域の鉄鉱山開発とともに、石帳里鉄生産集団の登場などを通じて百済の鉄生産中心地域を確保するようになりました。

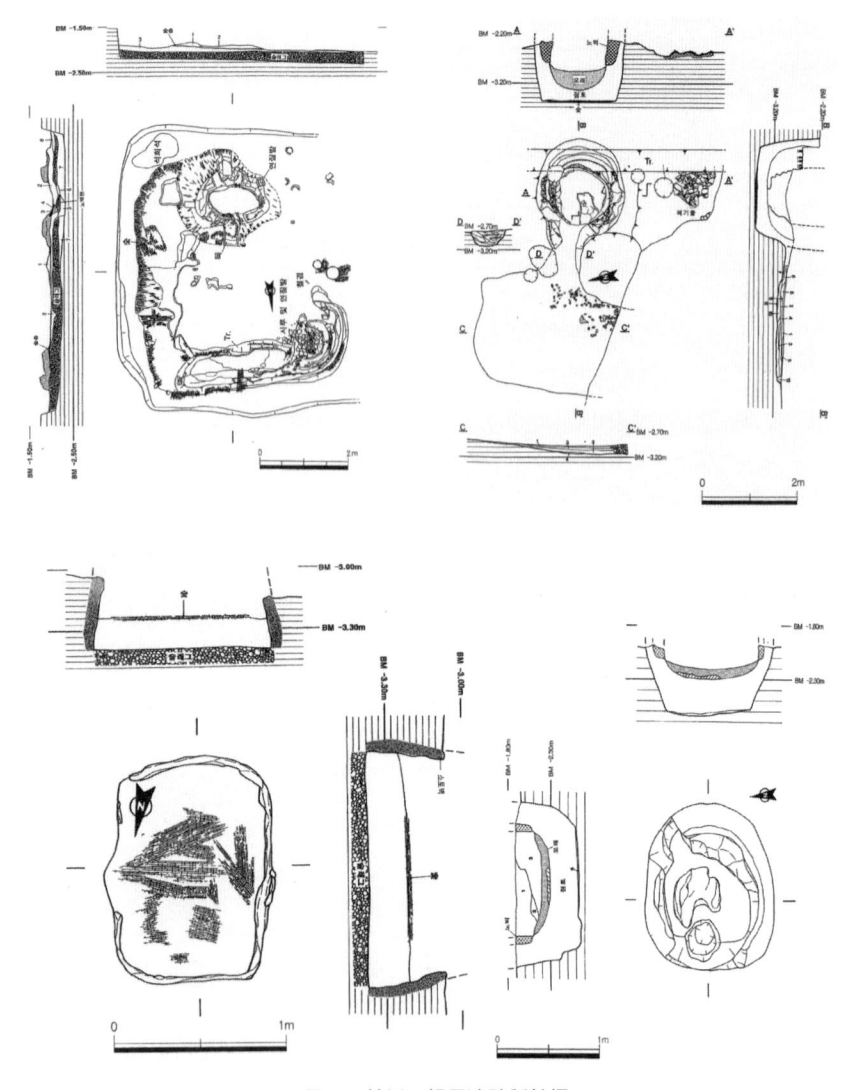

図6　鎮川石帳里遺跡製鉄炉

　百済は既存の忠州地域の鉄鉱山を基盤とし、忠清道一帯の鎮川石帳里、忠州チルグンドン、清原ヨンチェ里、京畿道華城旗安里など各地で地域的鉄生産が広がっていったことが、最近調査された遺跡を通じてわかるのです。しかし、まだ忠清南道以下の地域では鉄生産と関連遺物が確認されていない点から

見て、百済の生産は先進地域を中心に他地域へ供給する形態を維持していたと推察されます。

　4世紀まで弁韓の鉄器文化をそのまま継承した伽耶地域では、金海勢力が中心となって鉄生産と流通圏が掌握されました。以後5世紀に入るとそういう一律的体制は崩壊し、新羅勢力の進出とともに伽耶各国ごとに鉄生産が本格化したと見られます。

　これを地域別に区分して見ると次のようになります。

　まず5世紀になると、既存の金海勢力の鉄生産は新羅勢力である東莱福泉洞勢力がその生産流通権を継承するようになります。特に福泉洞22号墳と同じく長さ50cm内外の大形鉄鋌の出現は、すなわち既存の金海勢力が所有した鉄生産と流通網がそのまま福泉洞勢力に入ってきたことを示しており、その象徴的意味を現わしているのが、有刺利器の出現です（図7）。

　以後5世紀後半になると、鉄鋌の副葬は少なくなって、6世紀以後にはまったく見ることができなくなりました。すなわちこの時期頃に、鉄生産の掌握が新羅勢力に移ったことを示しているのです。このような結果、梁山地域に大形の古墳群が出現することになります。その出現の背景には，勿禁、密陽地域の鉄生産のために，新羅勢力が直接的に国家経営を行なっていたと見られるのです。

　一方、金海勢力の没落と同時に咸安と陜川玉田地区が新しい地域別鉄生産と流通の中心地として浮上してきました。たとえ鉄生産遺構が確認されなくても、鉄生産を類推出来る根拠があって、地域生産が始まったことを推測することが出来ます。

　咸安地域は、4世紀までの資料には鉄鋌の出土はなかったのですが、5世紀に造られた道項里10号墳段階では大形の鉄鋌が急に登場します。このような現象は、すでに福泉洞古墳と同じくこの地域で鉄器の生産力ないし新しい流通圏が掌握されていたことを意味すると見られます。特に有刺利器でも大形の鉄鋌をそのまま利用した新しい形態の有刺利器が出現することが見られます。すなわち以前の金官伽耶圏没落以後、咸安地域で政治的な変化とともに起こった、鉄と関係した新しい変化を象徴しているのです。

　同様に、このような鉄鋌と道項里古墳群では新しい形態の鉄器製作素材が

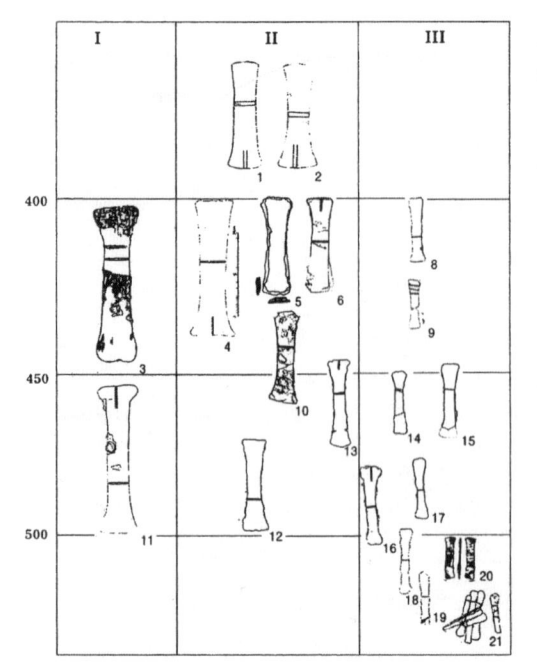

見られ，道項里遺跡の竪穴遺構には50余点以上の棒状鉄器が埋納されていました。既存の鉄鋌と違うこのような鉄器製作素材の登場から、それなりの鉄生産体制を見ることが出来ます。

大伽耶圏域の高霊、陜川地域の場合は、こうした様相が展開し、区分されています。

すでに高霊地域での鉄鋌の形態は、池山洞30号墳段階までは一般的な中形の鉄鋌が埋葬されています。しかしその後、鉄鋌はすべて消えて、小形のミニアチュア鉄鋌だけ

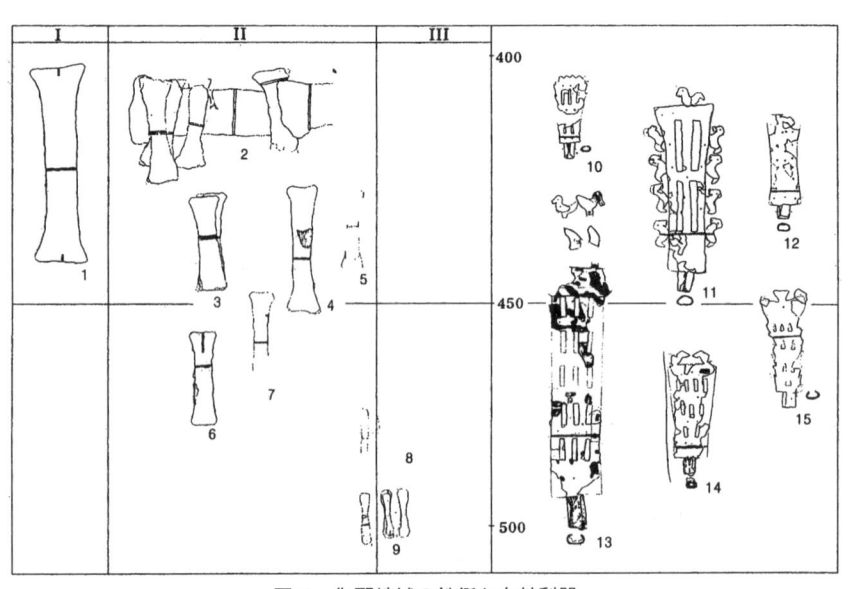

図7　伽耶地域の鉄鋌と有棘利器

が埋葬されました。大伽耶圏で鉄器の副葬が極大化した一つの場所が陝川地域です。特に玉田古墳群を中心とした鉄器の埋葬状況は、むしろ大伽耶の主勢力である高霊を圧倒しているようです。

玉田古墳群の玉田1段階での鉄器副葬は極めて制限されており、反して2段階5世紀前葉からは咸安地域と同じ大形の有刺利器が出土します。これはすでに2段階の陝川地域での鉄器の生産を示しているのです。

玉田古墳群の最大の墓はM3号墳です。ここでは、鉄鋌の副葬の代わりに鋳造鉄斧と棒状鉄器（図8）が多量に埋葬されています。このことは、ほかの地域の鉄鋌副葬と同様です。鋳造鉄斧の場合も既存の形態から完全に脱皮した形で、棒状鉄器も鋳造品で、すべて鉄器製作のための素材としての鉄鋌と同じ意味を持っています。すなわちこの地域での鉄生産は勿論、それらの企画化された製品を完成して、独自な流通網を作っていたと思われるのです。

したがって5世紀の鉄生産地域は、洛東江河口流域と南旨を境界とした南江一帯の咸安圏域、黄江中心の玉田勢力の大伽耶圏域など3つの生産流通圏に区切ることが出来ます。このほかの地域、馬山昌原、固城晋州一円では勢力圏が流動的状態で、直接的な鉄生産活動は確認されていません。

一方新羅は，彼らの統一事業では鉄の確保が何より重要ですから、既存の達川鉱山の持続的な開発とともに、金官伽耶が掌握していた洛東江下流域の鉄鉱山を金官伽耶の没落とともに確保しました。こうして密陽と梁山に連結される洛東江下流域東岸に大単位の国家経営体制による鉄生産ベルトを構築し、流通構造網まで掌握するようになりました。

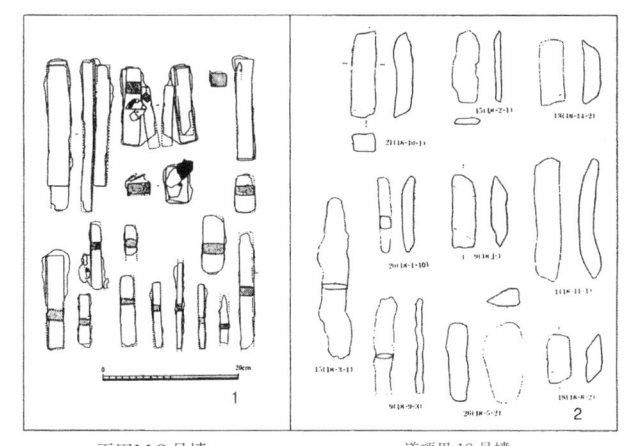

玉田M3号墳　　　　　　道項里18号墳

図8　伽耶地域から出土する**棒状鉄製品**

(6) 洛東江下流域の鉄生産と新羅

　この洛東江下流域は、原料になる鉄鉱山の確保、燃料として使われる炭を製造するための豊かな山林、そして生産物の供給流通のための交通路の確保に最適な条件を取り揃えている地域です。まず鉄鉱山の分布を見ると、すでに『世宗實録地理志』、『新増東国輿地勝覧』、『輿地図書』などの記事にこの一帯の鉄鉱山の記録が出ており、密陽のトンジン鉱山、梁山の勿禁鉄山と慶南鉄山は近年まで磁鉄鉱、赤鉄鉱の主要産地として知られていました。

　最近の調査では、洛東江下流の東岸一帯には鉄生産の主要地点として7ヵ所を超える鉄生産遺跡が確認されています。一種のベルトを形成したように造成されています。これは優先的にこの一帯の鉄鉱山の開発が行なわれたことで、同時に生産された鉄の運送に洛東江に限って形成された既存の流通網を継続して利用したことがわかります。時期的に見れば、沙村遺跡（図9、口絵6）、勿禁遺跡などはすべて6～7世紀に至る長期間の操業が成り立っていますし、出土した土器を通じて見ると、新羅土器一色で、新羅勢力が構築した生産システムであることがわかります。それでは新羅勢力がどうしてこの地域一帯にこのような生産システムを構築したのか、変化の要因はどこにあるのかを調べることとします。

　新羅勢力は、彼らの統一事業のため何よりその財政的基盤になる鉄の確保を優先的に求めました。既存の蔚山達川鉱山の開発だけでは生産に限界があったため、生産活動が活発だった梁山の勿禁地域と密陽地域を優先的に征服戦争を通じて掌握しました。ここに生産地の確保とこれによる大規模製鉄団地の造成が成立したと見ることができます。

　このことについては、これに先立つ時期、すなわち三韓、金官伽耶勢力のこの地域一帯での鉄生産との関連性が問題となります。すなわちまだ関連した時期の遺跡の発見がなく、茶戸里遺跡、金海良洞里遺跡、大成洞古墳群につながるこの地域の鉄生産に関しては、現在洛東江西岸地域の金海一帯では、生林面生鉄里など製鉄遺跡の存在が論じられてはいますが、実際の調査ではこの時期に該当するものは何ら発見されてないのです。むしろ交通路で一番近接した地域や前述の鉄生産の自然条件である鉄鉱石、炭、交通路の好条件が満たされる地域が、洛東江下流までの間の地域なので、弁韓と金官伽耶勢力もこの地域

図9 密陽沙村遺跡検出製鉄炉と大型送風管

に対する支配を基礎に、鉄の生産と流通の掌握を通じて、勢力拡張をしたと考えられます。文献記録でも、『三国史記　新羅本紀』の脱解王代と祇麻王代に戦争記事が見られ、やはりこの地域の交通の要地としての重要性とともに鉄山の確保をめぐる争いが背景に存在したと考えることができます。したがって、新羅勢力の拡張もこのような理由で既存生産地に対する優先的確保が必要で、なによりも優先してこの地域一帯に対する征服事業が始まったと見られます。

すなわち一定期間新羅の認定下に維持されてきた福泉洞勢力の鉄生産流通の管理は、6世紀頃の時期に新羅が直接経営に入ったと把握され、その時期が洛東江東岸の沙村遺跡、勿禁遺跡などのような大規模な鉄生産ベルトが構築される時期と一致していることがわかります。

梁山地域では夫婦塚、金鳥塚のような大形古墳が登場することも同じ脈絡での解釈が可能です。このような新羅の鉄生産の国家経営体制は、同時に単純な鉄生産基地を確保するような次元ではなく、金官伽耶勢力が構築していた鉄の流通までを確保するようになり、既存の販売網と流通構造の土台に、新しい新羅の流通体系を成立させたと見られます。文献記録でも、梁山密陽地域の新羅勢力への併合時期と考古学的調査結果の新羅勢力の併合時期とが一致し、この地域での大規模生産ベルトが形成された理由がここにあると見られます。

参考文献

金一圭 2007「韓国古代製鉄遺跡の調査現況と特徴」『先史・古代工業生産遺跡』第50回歴史学大会　考古学部　発表資料

金一圭 2007「漢江流域の原三国時代成立過程」『原三国時代の漢江流域』2007年度第3回ソウル京畿考古学会　定期発表会　ソウル京畿考古学会

金権一 2003「南韓地方　古代製鉄炉に対する一研究」『韓神大學校大学院　碩士学位論文』

金武重 2004「華城旗安里製鉄遺跡発掘調査の成果と意義」『鉄器文化の多角的探求』鉄器文化研究会

孫明助 1997「慶州隍城洞製鉄遺跡の性格に関して」『新羅文化』第14輯　東国大學校新羅文化研究所

孫明助 1998「韓半島　中南部地方　鉄器生産遺跡の現状」『嶺南考古学』22集

嶺南考古学会

孫明助 2001「洛東江下流域の古代鉄生産―梁山密陽地域を中心として」『東垣学術論文輯』第 4 集　韓国考古美術研究所

孫明助 2002「韓国古代の鉄生産―新羅、百済、伽耶―」『古代東アジアにおける倭と伽耶の交流』第 5 回歴博　国際シンポジウム事務局

孫明助 2003「伽耶の鉄生産と流通」『民族文化学術叢書』27　図書出版慧眼

孫明助 2005「原三国時代の鉄器―嶺南地域―」『原三国時代文化の地域性と変動』韓国考古学会

孫明助・李榮勲 2000「古代の鉄・鉄器生産とその展開に対する考察」『韓国古代史論叢』第 9 輯　駕洛国史蹟開展研究院

李南珪 2000「錦江流域圏における原三国時代の鉄器文化」『製鉄史論文集』たたら研究会創立四〇周年記念　たたら研究会

李南珪 2002「韓半島初期鉄器文化の流入様相」『韓国上古史学報』第 36 号　韓国上古史学会

李南珪 2005「百済鉄器の生産と流通に対する時論―百済の生産技術と流通体系」『韓神大學校学術院　学術大会　発表要旨』

李南珪 2005「韓半島西部地域原三国時代鉄器文化」『原三国時代文化の地域性と変動』韓国考古学会

崔鐘圭 1995「三韓鉄器の特徴と画期」『三韓考古学研究』書景文化社

国立慶州博物館 2000『慶州陸城洞遺跡Ⅰ』

国立清洲博物館ほか 2004『鎮川石帳里鉄生産遺跡』

湖南文化財研究院 2005『完州葛洞遺跡』

蔚山文化財研究院 2006『蔚山達川遺跡』蔚山文化財研究院　現場説明会資料集　第 13 集

武末純一 2002「三韓の鉄生産体制」『韓半島考古論叢』すずさわ書店

村上恭通 1994「弥生時代における鉄器文化の特質―東アジア諸地域との比較を通じて―」『嶺南考古学会・九州考古学会第 1 回合同考古学会』資料編　九州考古学会・嶺南考古学会　合同考古学会実行委員会

村上恭通 1998『倭人と鉄の考古学』青木書店

村上恭通 1997「原三国・三国時代における鉄技術の研究―日韓技術比較の前提と

して―」『青丘学術論集』11

村上恭通 2003「黄海をめぐる鉄技術・文化の展開―戦国時代の燕、朝鮮半島の三韓、三国時代を中心に―」『東アジアと日本の考古学Ⅲ　交流と交易』後藤直・茂木雅博編

大澤正己 1993「韓国の鉄生産―慶州市所在、隍城洞遺跡概報に寄せて―」『古代学評論』

大澤正己 2004「金属組織学からみた日本列島と朝鮮半島の鉄」『国立歴史民俗博物館研究報告』第110集

高久健二 1995『楽浪古墳文化研究』学研文化社

楊　寛（盧泰天・金瑛洙　共訳）1992『中国古代冶金技術発展史』大韓教科書株式会社

松井和幸 2001『日本古代の鉄文化』雄山閣

穴澤義功 2002「日本古代の鉄生産」『第5回　歴博国制シンポジウム　古代東アジアにおける倭と伽耶の交流』国立歴史民俗博物館

河北省文物研究所 1996『燕下都』文物出版社

東　潮 1999「東アジア諸地域の鉄」『古代東アジアの鉄と倭』渓水社

小田富士雄・武末純一 1983「朝鮮の初期冶鉄研究とその成果」『日本製鉄史論集』たたら研究会

（翻訳：松井和幸）

基調講演

最近の調査成果から見た韓国鉄文化の展開

畿甸文化財研究院

金 一 圭

はじめに

　韓国古代鉄文化は、戦国時代後期燕の系譜にある韓半島北部地方にまず伝来して、以後南に波及していったことは周知の事実です。韓半島東南部への展開過程は他地域ごとにその初現と展開において時間的格差と空白が確認されています。ところで、最近活発な発掘調査によって鉄文化の展開過程に現われる時間的、地域別空白をある程度埋めることができる資料が確保されて、韓国古代鉄文化を理解するのに寄与しています。ところが、相変わらず地域ごとに初現の時間的較差は解消されておらず、むしろ初現の時期および鉄器の様相に地域性が目立っています。また鉄文化の波及が1次に終わらないで、時間的間隔を置いて、1～2次例がさらに確認されて地域別出現時点にしたがって系譜および波及の主体を再考する契機になりました。

　本稿では、上記のような諸事情を念頭に置いて最近発掘された製鉄[1]、鉄器出土遺跡および遺物を検討して、時代と地域にしたがって韓国鉄文化の出現と展開を述べることとします。

1　最近の調査成果

(1)　漢江流域

　華城・旗安里遺跡　京畿道華城市旗安里に位置する工房遺跡です。製鉄と関連している遺構は、鍛冶炉の可能性がある炉が10基、横口付炭窯1基が検出されました。鍛冶炉は、竪穴式の簡単な構造です。出土遺物は、大口径の送風管、鉄鉱石、鉄滓、含鉄鉄滓、鉄器片などがあります。出土している製錬滓

の中には、流出滓と操業中の炉壁の流出孔を貫通したり送風管に形成された溶融している鉄滓を除去する時に使われた道具[2]—木棒または鉄棒を溶着して形成されたもの—も確認されています[3]。また鉄滓中の、椀形滓は鍛錬鍛冶滓(れんたんかじさい)であることが明らかになりました（大澤 2004）。以上から旗安里遺跡では鍛冶および製錬工程が行なわれたことがわかりました。特に、横口付き炭窯が製鉄遺跡で検出されたことが注目されます。旗安里遺跡の時期は、3～4世紀前半に編年されています。

加平・大成里遺跡　加平大成里遺跡は、京畿道加平郡に所在します。遺跡の性格は、北漢江辺の自然堤防に立地する青銅器時代から原三国時代に及ぶ集落です。調査区域をA、B地区にわけて調査されました。A地区では、原三国時代後期の集落が、B地区では初期鉄器ないしは原三国時代前期に該当する集落が調査されました。

B地区の原三国時代前期の遺構では、すべて楽浪系の外来遺物のみが出土しました。B地区の鉄器（図2-3）は、小札を除けばすべて鋳造鉄器で、双合范鋳造鉄斧、断面梯形鋳造鉄斧（以下梯鉄斧とする）、鋳造鉄鏃と鉄片および鉄茎銅鏃があります。双合范鋳造鉄斧は、大邱八達洞遺跡の77号木棺墓梯形斧は78号木棺墓からそれぞれ出土したもの（図2-1）と同一の型式です。八達洞77、78号墓は、それぞれ紀元前1紀初と紀元前1世紀中葉と編年されるので、大成里遺跡B地区原三国時代前期集落の年代は紀元前1世紀初から紀元前中葉で設定することができます。

A地区で出土した鉄器（図3-1）の鋳造鉄器はやはり楽浪的要素が強くみられます。鋳造鉄器は二条凸帯鋳造鉄斧、梯形鉄斧、鋳造鉄片、鉄壺片と多様な鉄器片があり、鍛造鉄器は鉄鎌、鉄斧、鉄釣、鉄鏃、鉄刀子、鉄鑿、鉄鏨、鉄片などがあります。二条凸帯鋳造鉄斧は嶺南地域の終末期木棺墓と出現期木槨墓から出土したのと同一の形態をしています。梯形鉄斧は、黄海道夢金浦貝塚（朝鮮総督府 1917、P835-850）と黄海道雲城里1号東槨（パンソンホン 1967）出土品（図3-2）と同一の形態が出土していますが、南部地方では比較資料がありません。鉄鏃片は、金海良洞里318号墳出土品と類似しています。時期は、鋳造鉄斧と土器から見ると、2世紀後半から3世紀前半で編年されます。

特にA地区では、炉壁片、鉄滓および鉄素材と見られる直径1～4cm程度

の鉄塊と 10cm 程度の棒状鉄塊および裁断痕跡が残存する菱形鐵片と三角湾入鏃、鉄鏨、金床石などが住居址内から出土しました。A-3号住居址から出土した鉄滓は、精錬炉に装着された送風口の終わりの部分で形成された鉄滓である可能性があります[4]。また A-9号住居址から出土した二条凸帯鋳造鉄斧は刃部の横断面が凹字状に変形しており、脱炭処理過程を経た鉄斧と判断されます。以上のことから見ると大成里遺跡 A 地区集落で鍛造鉄器製作と精錬工程が行なわれたと推定されます。

加平・達田里遺跡（朴成熙 2003）　京畿道加平郡の北漢江辺に近いところに位置しています。青銅器時代の集落とともに原三国時代の木槨墓5基が調査されました。木槨墓はすべて単槨式で出土遺物は花盆形土器、瓦質楽浪土器（短頸壺）、鉄戟、鉄剣、環頭刀、鉄斧、鉄鎌、轡などの楽浪系遺物と細形銅剣1点があります。花盆形土器、瓦質短頸壺、鍛造鉄器、鉄製武器など出土遺物の型式と遺物の組み合わせが高久健二氏の楽浪Ⅱ期（高久 1995）と同一ですので、紀元前1世紀後半代に編年することができます。

ソウル・風納土城（李南珪ほか 2003；国立文化財研究所遺跡調査研究室漢城百済学術調査団 2004）　韓神大學校によって発掘された風納土城内サンワ地区で確認されたⅣ層溝は、土城築造以前の遺構で、時期は3世紀後半に編年されます。Ⅳ層溝では梯形斧の土製鎔范と送風管片が出土して、土城築造以前から集落内で鋳造と鍛造の鉄器製作が行なわれたことがわかります。

一方、文化財研究所が調査した風納土城内 197 番地一帯（未来村敷地）の 04-89号遺構は、多量の炉壁片と鉄滓片が出土し、製鉄工程後の廃棄場と推定される遺構です。中から出土した土を水洗選別する過程で、鍛造剥片と粒状滓、鉄片などが出土し、鍛冶と精錬工程が行なわれたことを示唆しています[5]。この遺構では、百済土器とともに高句麗土器1点が出土しており、時期は5世紀末以後に編年されます。

(2)　**錦江流域**

益山・信洞里遺跡（崔完奎ほか 2005）　青銅器時代から百済時代に至る生活遺跡です。初期鉄器時代ないし原三国時代初期に該当する土壙墓が2基調査されました。1号墓では、鋳造鉄斧と細形銅剣が三角口縁粘土帯土器と同伴し、2号墓からは鍛造製鉄鉈と三角粘土帯土器が同伴しています（図2-2）。三角

口縁粘土帯土器は初期型式と見られ、鋳造鉄斧は大邱八達洞遺跡の49号木棺墓から出土した鉄斧（図2-1）と類似しています。年代は、細形銅剣と土器、それから八達洞遺跡の49号木棺墓と比較すると紀元前2世紀末ないし紀元前1世紀初頃と編年することができます。

　群山・官元里遺跡（国立光州博物館 2005）　青銅器時代から百済時代に至る集落です。Ⅱ-カ遺跡の埋納遺構から銅鉾、鍛造製鉄剣、黒陶長頸壺が出土しました。退化段階の黒陶長頸壺および鍛造製鉄剣から見ると、紀元前1世紀頃に編年することが出来ます。

　完州・葛洞遺跡（湖南文化財研究院 2005）　遺跡からは、5基の木棺墓が調査されました。出土した鉄器はすべて鋳造品で、2号墓から鉄鎌が、3号墓から鉄鎌と鋳造鉄斧が、そして4号墓からは鋳造鉄斧が出土しました。同伴している土器は4号墓を除けば円形粘土帯土器と黒陶長頸壺です。4号墓の土器は変形粘土帯土器と三角口縁粘土帯土器と見られるもので、2号墓と3号墓土器よりも型式化しています。時期は2号と3号墓が紀元前2世紀前半、4号墓は紀元前2世紀末に編年されます。

(3)　**洛東江流域**

　慶州・隍城洞遺跡（図4-1～3）　原三国時代前期の木棺墓段階には，銑鉄塊を脱炭精錬して鍛造鉄素材を生産する工程と鍛造鉄器を製作する工程が一緒に行なわれた可能性が高いと考えられます。一方、住居址から球状小形銑鉄塊が出土していることから、この段階に銑鉄製錬が行なわれた可能性も推測することができます[6]。時期は、概して紀元1世紀と考えられます。

　原三国時代後期～三国時代前期と考えられる遺跡中央の工房区域で溶解炉、製鋼炉、鍛冶炉、廃棄場が検出されました。

　溶解炉は、250～300cm程度の方形竪穴の内部に造成した地上式で、円形ないし楕円形に復元され、送風方法は'⌐'字状の大口径送風管を炉上部に設置したと推定されます。

　製鋼炉は、楕円形ないし円形の竪穴を掘り、耐火粘土で炉壁を造成したもので、炉天井部の中央には送風管を挿入する窓があって、原料と燃料を装入する炉門がある半地下式の構造です。また炉は、直径200～250cm程度の方形竪穴の作業場を持っています。遺構の形態、遺物の出土状況と分析結果から見

ると、銑鉄を酸化脱炭精錬して鋼を作る炒鋼炉と判断されます（金一圭 2006）。

鍛冶炉は、還元鉄中で低炭素系成分調整を行なって鍛造鉄素材を作る精錬鍛冶炉[7]および小形の鉄滓と鍛造剥片が出土する鍛造鉄器製作の鍛冶炉が検出されました。

隍城洞遺跡では、炉以外に炉壁、鉄滓、鉄塊、鋳造鉄斧鎔范、送風管などを廃棄する廃棄場と貯炭場と推定される竪穴も確認されました。

蔚山・達川遺跡（蔚山文化財研究院 2006）　蔚山市北区達川遺跡では原三国時代に該当する住居址2棟、石棺墓1基、溝1基、竪穴遺構4基が調査されました。この中で5号竪穴と6号竪穴の内部から鉄鉱石が多数出土しました。竪穴遺構の底が不規則に窪んでいることから、採鉱の跡と推定されます。遺跡とその周辺では、鉄鉱石以外には製鉄と直接関連する炉、鉄滓、炉壁などがまったく確認できませんでした。5号竪穴と6号竪穴内部では、三角口縁粘土帯土器片と袋状土器が出土しました。6号竪穴と1号住居址出土品およびほかのところで収拾された袋状土器は浅い台状の底部が残存するもので、紀元前1世紀後半に編年されます。

勒島遺跡（慶南考古学研究所 2006）　慶尚南道四川市勒島に位置し、三角口縁粘土帯土器が主に出土した原三国時代の集落です。集落内住居址、廃棄場、焼成遺構などから鍛造剥片、鉄滓、送風管[8]、炉壁片などが出土しました。この内、A地区のナ-36号住居址、ナ-53号焼成遺構、ナ-3号廃棄場から出土した鉄滓は、分析結果から溶解炉の鉄滓と判明しました。出土している大口径送風管およびこのような鉄滓を通じて溶解工程が行なわれた可能性はあります。しかし、鋳造鉄器の製作と直接関連した溶范の出土がなく、強い還元炎焼成で完全にガラス質になった炉壁がほとんど確認されなかったので、溶解工程が行なわれたとは断言できません。

この他に、ナ-48号（図4-4）とカ-73号高床建物址から鍛造剥片と鉄滓が出土して、鍛冶工程を確認することが出来ました。

ナ-48号鍛冶炉は原三国時代前期前半で、ナ-36号、ナ-53号焼成遺構、カ-73号高床建物址などは原三国時代前期後半に編年されます。

(4) 栄山江流域

宝城・鳥城里遺跡（国立光州博物館 2005）　遺跡は独立丘陵上に立地し、原

三国時代の集落と貝塚が確認されました。遺構は住居址と竪穴、溝、環濠などがあります。出土した鉄器は鍛造製鉄剣と鉄矛です。鉄矛は銎部直基形で、長い銎部に比べ鋒部が短いことで、鉄剣は茎部の短いことは嶺南地域の木棺墓出土品と類似しています。三角口縁粘土帯土器と瓦質土器が遺跡から伴って出土していることから、時期は原三国時代前期と推定されます。

2　韓国古代鉄文化の発展過程

先に述べた製鉄と鉄器関連諸遺跡、製鉄技術の発展を根拠として、韓国古代鉄文化の発展過程を時代別に見てみようと思います。

(1)　初期鉄器時代（図1）

韓半島での鉄器の出現は、韓半島北部の鴨緑江―清川江流域地域でまず確認されています。以後、大同江流域、東海岸の元山湾、西南部地方の錦江流域に波及しました。ところで、出現期の諸遺跡の間には器種構成、共供遺物の組み合せ、製鉄技術の有無などで地域性が見られます。

鴨緑江―清川江流域　代表的な遺跡として、鴨緑江流域の龍淵洞遺跡、清川江流域の細竹里遺跡（金政文 1964；金永祐 1964）があります。遺構は、細竹里の場合オンドルに類似するL字形炉跡のある住居址であり、龍淵洞は積石墓です。

出土した鉄器は、戦国時代燕の系統にある鉄斧、クワ、鉄鎌、鉄鋤、半月刀など鋳造製農工具を主としており、鍛造製鉄矛、環頭刀、鋳造製（？）鉄戈、鉄茎銅鏃などの武器が明刀銭、布銭など戦国時代貨幣と共伴しています。また縄文打捺文土器と半瓦当が共伴しています。鍛造製鉄矛と環頭刀、鋳造製と推定される鉄戈の存在は、鍛造と鋳造鉄器の製作が行なわれた可能性を示唆しています。特に鉄戈は、同時期の他地域からは出土していない器種で、韓国式銅戈を模倣して在地で製作されたと考えられます。

このように、鉄器の器種構成と同伴遺物は、戦国時代燕から出土している様相と類似しています（李南珪 1993）。このような現象から、戦国時代燕から鉄器とともに鉄器製作技術が直接伝来したことが推定されるとともに、この地域が戦国燕の勢力圏域に含まれた可能性があります。

細竹里遺跡出土布銭は'襄平'と'安陽'という地名が彫られた方肩方足

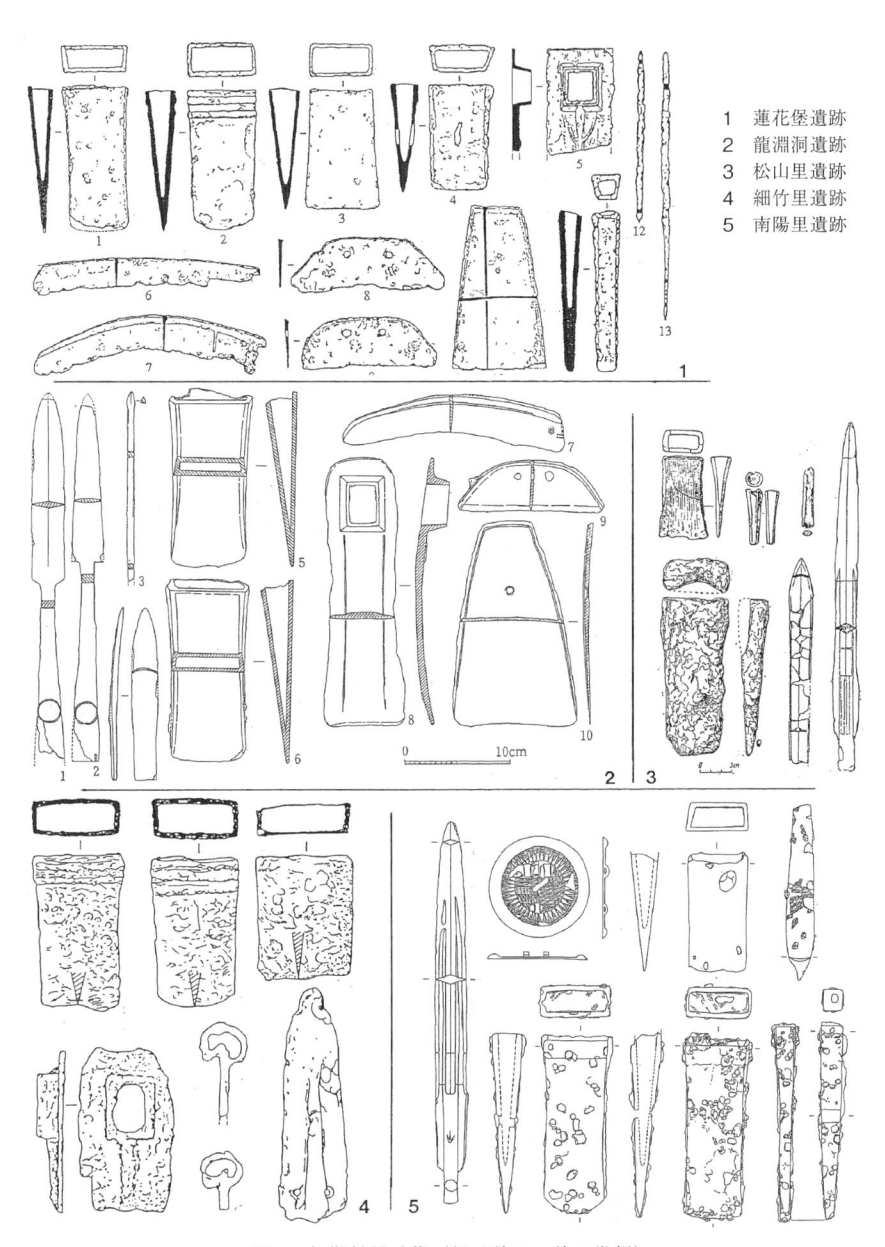

1 蓮花堡遺跡
2 龍淵洞遺跡
3 松山里遺跡
4 細竹里遺跡
5 南陽里遺跡

図1 初期鉄器時代（紀元前3～前2世紀）

布で、これは戦国晩期に編年されます[9]。細竹里遺跡と龍淵洞遺跡出土の明刀銭は、文字の形態と背部が方折していることで、関野雄分類（関野 2005）の3類に該当し、鋳造開始時期は戦国末に編年されます。したがって、細竹里遺跡と龍淵洞遺跡は紀元前3世紀後半に編年されます[10]。

清川江以南 大同江流域の黄海北道・松山里遺跡、咸鏡南道永興・所羅里土城、咸興・梨花洞遺跡、錦江流域の扶餘・合松里遺跡、長水・南陽里、完洲・葛洞遺跡などが該当します。相変わらず戦国鉄器の系譜を引く鋳造鉄器を主としています。出土している鉄器は、鉄斧、鉄鎌、鉄鑿、鉄鉇などの工具を主としており、細形銅剣、銅戈などの青銅製武器と多鈕細文鏡などの典型的な韓国細形銅剣期の遺物と同伴しています。遺構は囲石木棺墓、積石木棺墓、土壙墓、木棺墓で、それ以前の石棺墓とは異なっています。

鉄器導入は、完成された製品の形態の農工具に限定され、製鉄技術が伝来したのかは確実ではありません。このように農工具に限定された器種構成と多鈕細文鏡をはじめとする細形銅剣、銅鉾、銅戈などの青銅製武器と共伴することは、清川江以北地域とはまったく様相が違っています。これは、清川江以南地域の細形銅剣期文化に鉄器が導入される過程で派生した清川江以北と以南の文化圏の差異によっていると考えられます。清川江以北は、細竹里一蓮花堡類型で典型的な戦国燕の鉄器文化圏に包含され、鉄文化が直接的に普及しているのに反して、清川江以南は古朝鮮の細形銅剣文化圏に鉄器が限定的に伝来したことに起因していると考えられます。

鉄器と共伴している円形粘土帯土器と細形銅剣は、石棺墓出土の円形粘土帯土器と細形銅剣よりも形式化しています。そして完州・葛洞遺跡から出土した円形粘土帯土器のように一部は三角口縁粘土帯土器と類似しているほど、激しく退化しています。鉄斧の型式と同伴している遺物で見ると、清川江以南の鉄器の出現は、紀元前2世紀代 と見られます。

(2) **原三国時代　前期**（図2）

先述の通り、初期鉄器時代に該当する遺跡は嶺南、湖南など錦江以南の南部地方では検出されていません。韓半島全域に鉄器が波及するのは北部地方に漢四郡が設置されてから以後です。ところが鉄器と製鉄技術の発展過程は、漢四郡が設置された北部地方とその外の地域とは技術的な隔差が認められます。

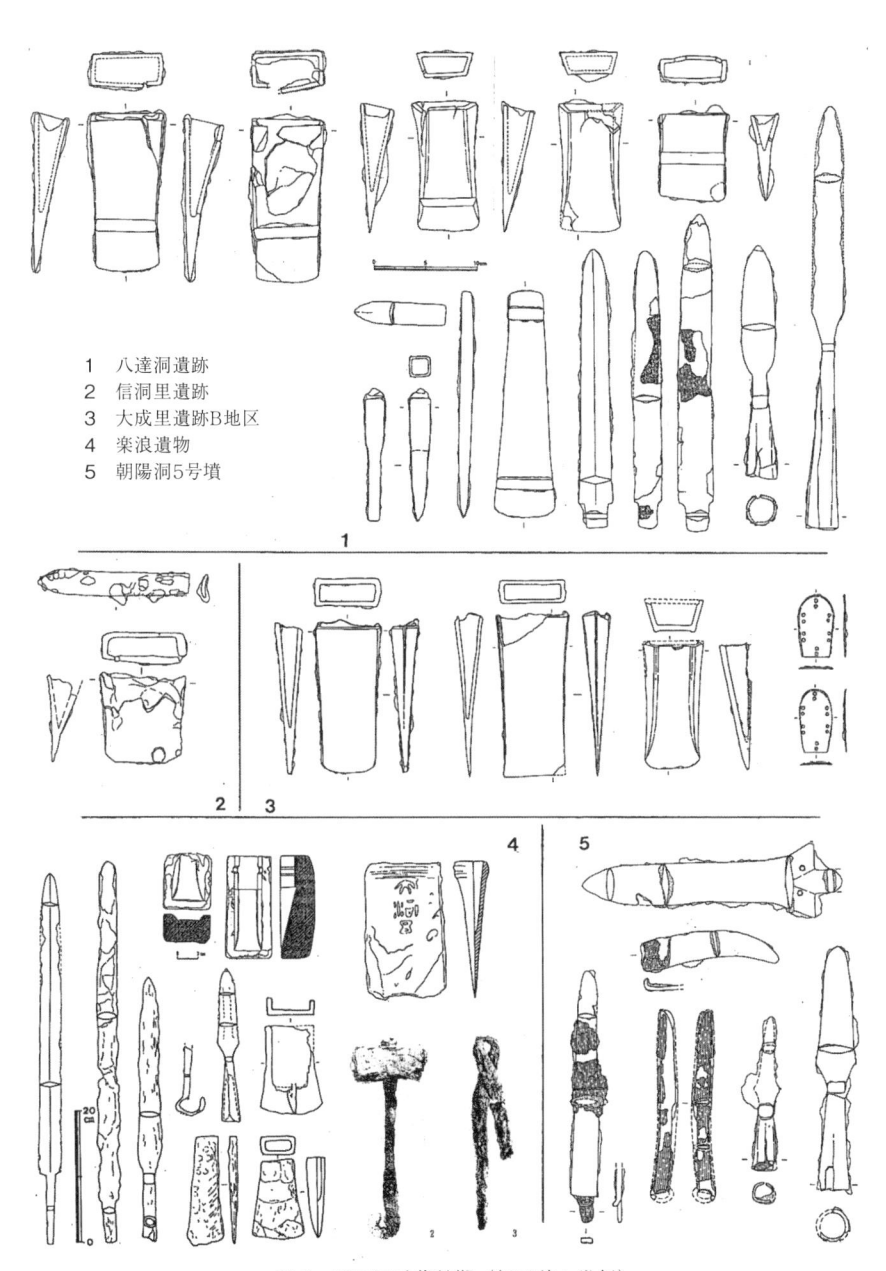

1 八達洞遺跡
2 信洞里遺跡
3 大成里遺跡B地区
4 楽浪遺物
5 朝陽洞5号墳

図2　原三国時代前期（紀元前1世紀）

大同江流域　大同江流域では、楽浪郡設置の後、漢の鉄器文化が直接伝来して鍛造鉄器が増加します。もちろん鋳造鉄器を主とした在来の鉄器とある程度共存期間を持っていますが、紀元前1世紀中葉からは本格的に漢から製鉄技術が伝来して、鍛造鉄器化の様相が深化していきました。鉄剣、鉄矛、鉄斧、板状鉄斧、鉄鑿などの武器と工具および馬具など、出土鉄器の大部分は鍛造製品です。このような鉄器以外に、青銅製の車輿具と銅鏡、金銅品などを含んだ漢式遺物が多様に出土しています。細形銅剣と銅鉾などは相変わらず存在していますが、その数は減少しています。

この時期の製鉄技術水準は、平安南道斧山面と甑山郡で出土した梯形鉄斧の鎔范と平壌市楽浪里助王部落から'大河五'銘鉄斧（図2-4）が出土していることから類推することができます。この鉄斧は、細長方形の戦国系鉄斧とは違う長方形の平面であり、刃部幅が銎部幅より広い漢代の二条線突帯鉄斧の形態をしています。また、このような銘文が彫られた鉄斧は漢の鉄官と関連しており、漢の官営製鉄工場が導入されて鋳造工程が行なわれたことがわかります。また、このように鋳造鉄器が製作されたことは、鋳造の材料である銑鉄製錬も並行したことも示唆しています（潮見浩 1982；王巍 1997）。

梯形鉄斧鎔范の出土は、原三国時代前期までに韓半島における唯一の断面梯形鋳造鉄斧の製作地がわかる資料です。すなわち原三国時代の嶺南地域の木棺墓と漢江流域の集落から出土した梯形鉄斧は大同江流域の楽浪で製作・普及された可能性が大きいのです。

鉄剣、鉄矛、環頭刀、札甲のような鉄製武器が増加し、青銅製武器は減少します。また鉄製馬具、鉄斧のように鋳造製品と類似しているほどの完成度が高い鍛造鉄器が製作されました。貞柏洞甲号、石巌里9号出土鉄器の分析で、炒鋼製品が提起(尹東錫・申璟煥 1982)され、この段階で炒鋼が生産された可能性が高いのです。このように、漢四郡が設置された北部地方では、漢の鉄官生産と同一である類型の'大河五'銘鉄斧、梯形鉄斧鎔范、炒鋼の生産、鍛冶具の副葬、鋳造鉄器と類似しているほど完成度の高い鍛造鉄器の製作が注目されます。これはまもなく銑鉄製錬と共に鋳造鉄器と鍛造鉄器の製作、脱炭精錬による炒鋼生産など漢の製鉄技術体系が伝来して実施されたことを意味しています。

ところがこのような漢の製鉄技術は、三韓を含んだ周辺地域に技術体系全

体は伝わらず、完成された製品と鉄素材および鍛造鉄器製作の鍛冶技術に限定されて波及しました。

　漢江流域　北漢江流域は、漢郡県の直接的影響で郡県から直接鉄器の供給を受けました。紀元前１世紀前半に編年される大成里遺跡B地区の鉄器（図２-３）は、初期鉄器時代鉄斧の伝統を有する鋳造鉄斧、鍛造製小札、鋳造鉄鎹、それから鉄茎銅鏃などが、花盆形土器、瓦質製楽浪土器とともに出土しています（金一圭 2007b）。紀元前１世紀後半に編年される達田里遺跡から出土した鉄器は、鉄剣、鉄戟、鉄鎌、鉄斧、轡などすべて鍛造鉄器で、このような様相は、楽浪が設置された大同江流域の鉄器の様相とほとんど類似しています。これは北漢江流域を含んだ京畿北部とこれに接した嶺西地域が、漢の郡県の勢力圏に含まれていることを意味しています。

　大成里遺跡と達田里遺跡では、この時期に該当する製鉄遺跡と関連する遺構は確認されなかったので、鉄器は郡県から直接供給を受けたと判断されます。

　錦江流域　益山・信洞里と群山・官元里遺跡で出土した鉄器を通じて、錦江流域でも初期鉄器時代に続く原三国時代前期の鉄器文化が存在することがわかるようになってきました。信洞里遺跡では、鋳造鉄斧と鉄鉇（図２-２）が細形銅剣および三角口縁粘土帯土器と同伴しています。官元里遺跡では、鍛造製鉄剣と銅鉾と同伴して出土した黒陶長頸壺は形が退化しています。時期は、紀元前１世紀前半に編年されます。鉄剣のような鍛造製武器、鉄斧の形態、三角口縁製鉄関連遺跡は確認されていません。

　洛東江流域　嶺南地域は、紀元前100年頃から鉄器遺物が出現します。代表的遺跡には、八達洞遺跡、礼山里遺跡、朝陽洞遺跡、茶戸里遺跡などの積石木棺墓と木棺墓中心の墳墓群および、勒島遺跡、隍城洞遺跡などの集落があります。

　嶺南地域では、鉄器が出土する当初から鋳造鉄器と鍛造鉄器が同伴して、鉄剣、鉄矛のような鉄製武器が出土します。土器は、三角口縁粘土帯土器、黒陶長頸壺および高坏があります。細形銅剣と銅鉾のような青銅製武器も相変わらず出土しますが少数です。

　また１世紀後半からは、五銖銭、前漢鏡、青銅製と鉄製の馬具、楽浪土器

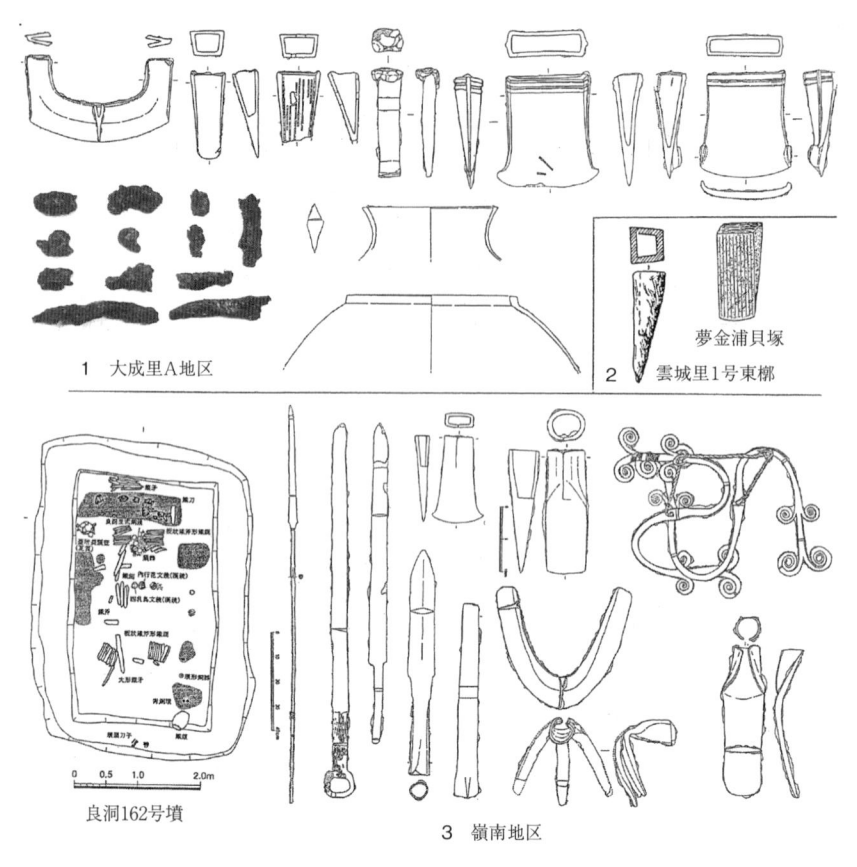

1 大成里A地区
2 夢金浦貝塚 雲城里1号東槨
良洞162号墳
3 嶺南地区

図3 原三国時代後期（紀元2世紀後半～3世紀前半）

などの楽浪遺物が突出するほか、三角口縁粘土帯土器は減少し、新しく瓦質土器が登場します。

　戦国系の鋳造鉄斧は、紀元前1世紀前半までは出土しますが、紀元前1世紀中葉以後からは姿を消し、韓半島特有の鋳造梯形斧が登場します。初現期の梯形斧は大同江流域の甑山郡と斧山面から出土している鎔范と類似していることで、製作地を推定することができます。紀元前1世紀後半からは、梯形鉄斧を除くと、武器と工具が鍛造鉄器に変わるのは楽浪との類似性が強いからです。特に鍛造製鉄戈の出土は示唆しているところが大きいと言えます。それは、銅戈を模倣して製作するほど独自に鍛造鉄器を製作していたことを意味し

ています。

　勒島遺跡では、送風管と推定される土製管片が出土し、鍛造剥片、炉壁片が出土している炉址が確認されて、鍛冶と精錬工程が行なわれたことがわかっています[11]。

　隍城洞遺跡で出土した球状銑鉄塊と塊錬鉄塊から銑鉄製錬が想定できます（大澤 1993；武末 2002；孫明助 1998）。最近蔚山・達川遺跡から鉄鉱石を採掘した竪穴が調査され、製錬の可能性を立証しています。ところがまだ銑鉄製錬に必ず必要な大量の燃料を生産する製炭遺構、銑鉄を原料とする鋳造関連遺構と遺物（溶解炉、大口径送風管、鎔范など）と炒鋼炉のような脱炭精錬遺構、銑鉄製錬炉と銑鉄製錬の派生物（大量の炉壁と鉄滓、大口径送風管および送風施設など）が未検出です。したがって当時漢の郡県を除外すると、韓半島では銑鉄製錬よりも塊錬鉄生産の直接製錬が行なわれたと考えられます。これは、高句麗前期遺跡に編年される鴨緑江辺りのナンパドン遺跡とトソンリ遺跡から塊錬鉄製錬炉が検出されたことからも立証されます。

(3)　原三国時代　後期（図3・4）

　原三国時代後期になると、韓半島南部地方全域で同時期の鉄器の様相を注意して調べることが出来る遺跡と製鉄遺跡が確認されています。漢江流域の旗安里遺跡、大成里遺跡、美沙里遺跡および錦江流域の清堂洞遺跡のような墳墓群、嶺南地域の隍城洞遺跡と玉城里古墳群、下垈古墳群、大成洞古墳群などが代表的です。

　嶺南地域の木槨墓と中西部地域の周溝木棺・木槨墓からは多様な鉄器が出土しています。特に嶺南地域の木槨墓では多量の鉄器が副葬されています。鉄器の器種は、環頭大刀、鉄剣、鉄鉾、曲刀、有茎式鉄鏃などの武器および鉄斧、鉄鎌、タビ、鉄棒、U字形鋤先などの農工具そして馬具など多様です。また慶州を中心に身の長い鉄矛が多量に副葬され洛東江下流域を中心に板状鉄斧と棒状鉄斧が多量に副葬される現象が現われます[12]。

　それ以前までは製鉄遺跡が検出されなかった漢江流域をはじめとする中部地方でも、製鉄遺跡が確認されるようになります。

　北漢江流域の加平・大成里遺跡では、炉壁片、鉄滓、および鉄素材と見られる直径1～4cm程度の鉄塊と10cm程度の棒状鉄塊が多数出土し、集落内

1 隍城洞　江邊路5号溶解炉

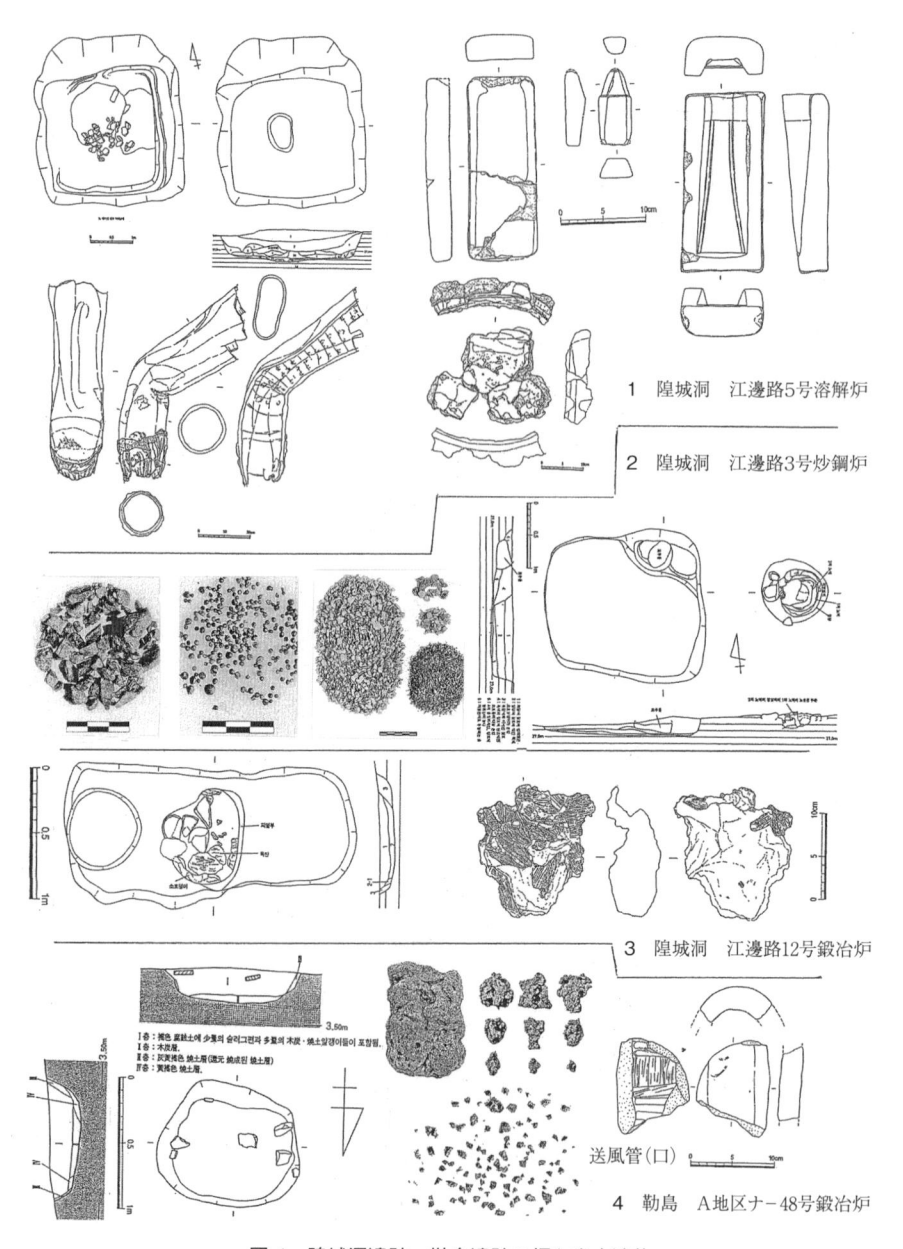

2 隍城洞　江邊路3号炒鋼炉

3 隍城洞　江邊路12号鍛冶炉

送風管(口)

4 勒島　A地区ナ－48号鍛冶炉

図4　隍城洞遺跡・勒島遺跡の炉と出土遺物

で鉄器製作工程が行なわれたことを推定することが出来ます。またA-9号住居址から出土した二条線突帯鋳造鉄斧は、脱炭処理されて刃部の横断面が凹字状に変形しています。

　旗安里遺跡からは鉄鉱石、大口径送風管、流出滓が出土し、製炭遺構の横口付き炭窯[13]が調査されました。また風納土城では梯形鉄斧鎔范が出土し、この時期に鋳造工程とこの材料となる銑鉄製錬が行なわれたことがわかります。

　木槨墓が出現期する2世紀末から慶州を中心とする嶺南地域では製鉄技術に大きな変化が起きました。隍城洞遺跡では、鋳造工程の溶解炉とともに鋼生産のための酸化脱炭精錬の製鋼技法の炒鋼炉（大澤・長家 2005a；金一圭 2006）が検出されました。炒鋼炉は、溶解炉とともに製錬された銑鉄を原料とするので、必ず銑鉄製錬を伴っています。結局原三国時代後期には銑鉄製錬、鋳造、炒鋼、製炭、送風施設など厳密な意味で完全な製鉄技術体系が完成されたと考えられます。このように完成された製鉄技術は、炒鋼炉と木炭窯、送風管などの類似性、そして後述するように当時の時代状況から見ると、漢の製鉄技術が導入された可能性が高いと言えます（金一圭 2006・2007a）。

　このように、原三国時代後期には、製錬、製鋼、鋳造、送風、鍛冶、製炭など製鉄技術体系が完成されました。ところで、隍城洞遺跡内からは製錬と製炭が確認されていません。これは、製鉄技術体系に伴うすべての生産工程が1つの工房で運営されなかったことを意味しています。すなわち製錬と製炭などは原料供給が容易な場所で、製鋼と鉄器製品は需要が多い場所で生産されるという分業化による製鉄生産体系であったのでしょう。この場合、隍城洞は後者に該当しています（金一圭 2006）。

3　結　び

　以上調べた韓国古代鉄文化は、以下の通りに要約することができます。

　韓半島鉄文化は、紀元前3世紀後半戦国時代燕の鉄器文化圏に包含される鴨緑江―清川江流域で初めて現われ、武器を含む鉄器と鉄器製作技術が伝わりました。これは、清川江以北がこの段階に戦国時代燕の勢力圏に入ったと解釈することができます。以後、清川江以南の細形銅剣文化圏に波及しましたが、技術の伝来はなく、工具中心の完成された鉄器が普及したように、制限されて

伝来しました。

　初期鉄器時代の清川江以北から大同江と錦江流域まで波及した鉄文化は、漢四郡設置以後漢江と洛東江、錦江流域など南部地方へ2次波及が起きました。2次波及は、鍛造鉄器が主になりながら、鉄製武器が同伴するなど、1次波及よりも直接的で包括的に進行しました。

　南部地方は、鉄器の初現の時期とその系譜から地域性と時間的な隔差が確認されます。初期鉄器時代は大同江—錦江中心から、漢四郡設置以後には楽浪—漢江—洛東江に鉄器文化圏の中心が移動しました。特に洛東江流域は以後、韓半島南部地方の鉄器文化の中心になりました。これは、初期鉄器時代の古朝鮮—錦江流域から漢四郡設置以後楽浪—洛東江流域への政治的な力関係が変化したと推定することができます。

　原三国時代になると、楽浪郡の設置された北部地方では、漢の官営製鉄技術が導入され運営されますが、他地域では技術は伝来しませんでした。一方南部地方からは、鉄生産の製錬は確認されますが、塊錬鉄が銑鉄製錬より先行しました。これは、鋳造品より鍛造品が好まれたり、あるいは鋳造の脱炭製鋼のように、銑鉄を原料とする工程より技術的難易度と燃料使用量が低い塊錬鉄を原料とする工程が先行した結果と考えられます。また送風技術と築炉造術などの製鉄技術も備えていません。当時漢の鉄官、馬弩関のような製鉄技術の対外流出を厳格に統制する機関（李南珪 1993；村上 1994・1998）のために、塊錬鉄を原料とする戦国系製鉄技術が原三国時代前期まで持続したのかもしれません[14]（金一圭 2007a）。

　原三国時代後期になれば、銑鉄製錬、脱炭製鋼による炒鋼生産、鋳造、大口径送風管、製炭[15]などの漢の製鉄技術が南部地方に伝来して製鉄技術体系が完成しました。このような漢の先進製鉄技術の伝来は、後漢末の時代的状況と密接に関連しています。紀元2世紀後半には小氷河期の自然災害および黄巾賊乱など農民反乱による政治的破綻、そして三国分裂による数多くの戦争で、生産経済体制は崩壊しました。生産経済の崩壊は、鉄生産にも影響を及ぼして、三国時代には鉄不足を招来しました（宮崎 1957；高橋 1962）。原三国時代後期の隍城洞遺跡と旗安里遺跡で確認される新しい形態の製鉄技術は、中原の曹魏政権とは違った独自勢力を形成して、楽浪と帯方を掌握していた公孫氏勢力が

新しい鉄供給地として三韓地域を選択して技術を移転した可能性が高いと考えられます（金一圭 2006）。

ところで、銑鉄製錬、炒鋼および鋳造などの漢の技術の伝来以後にも、塊錬鉄を素材とする製鉄が相変わらず維持されています（安春培 1984；朴長植 2003；大澤・長家 2005b）。このように銑鉄素材と塊錬鉄素材の製鉄技術が共存することもまた三韓・三国社会内の政治的関係に伴う現象でしょう。これに対しては、今後時・空間的背景の検討が必要と考えられます。

一方、原三国時代後期以後の製鉄工程は分業化されて、鉄器の規格化と大量生産が進行し、隍城洞、旗安里、石帳里遺跡のような専門製鉄工房が存在します。このことから見ると、専門的に製鉄を運営する管理システムの存在を推定することができます（金一圭 2007b）。

韓国の古代鉄文化は、出現して以後変化と発展を繰り返して、原三国時代後期には製鉄技術体系の完成を迎えます。以後完成された製鉄技術体系を土台に、鉄器の多様化、規格化を成し遂げるなど、鉄器の生産および供給は途方もなく増大しました。これは、鉄器使用の一般化とこれを土台にした生産技術の発展と生産力増大を惹起して、原三国社会が多方面で発展して古代国家に成長する土台になったと考えられます。

註

1) 本稿で「製鉄」を鉄生産から鉄器製作まで全体工程を合わせる意味で用います。すなわち鉄生産の製錬、鉄素材生産の製鋼、そして鉄器製作のすべての工程を包含しています。
2) 北朝鮮の製鉄用語ではこのような道具を'ソカリ'と言います（李徳秀 1958）。
3) 村上恭通氏の助言によります。
4) 村上恭通氏の助言によります。
5) 直接水洗した遺物の選別作業過程で確認しました。
6) このような球状の小形銑鉄塊は低温還元の塊錬鉄を製錬する過程から一時的に温度が急上昇して、一部が高温還元状態で生成された銑鉄（楊寛 1992，p８）である可能性も排除できません。塊錬鉄製錬の復元実験で炉底に球状の銑鉄塊

が生成されたのが確認されています（李東完ほか 2003）。したがってこのような一部の遺物だけでこの段階に銑鉄製錬が行なわれたとは断定できないと考えられます。

7） 鍛造鉄器の製作中でも炉内の雰囲気が悪かったり温度が不充分であれば精錬滓と類似したものが生成される場合もあるので精錬滓と鍛冶滓の区別が完全だとは言えません（松井 2001、p157）。

8） タ－3号竪穴出土送風管片は中鈍角の形態を帯びて、彼熱した部分があり、その部分が炉内に挿入された部分と報告者は記述していますが、遺物を実見してはいません。報告書の図面と写真で見ると、この程度の大きさの破片に現われた屈曲からのみで、'コ'字状の送風管と判断（李南珪 2006）することは無理と考えられます。送風管は土器または瓦と同様に器面が整面されずに製作時拍子と輪積の調整痕が強く残って部分的に屈曲が形成されることがあります。

9） 襄平布は戦国末期に、安陽布は紀元前 257 年以後に鋳造されたものです（啓明大学校博物館 2000、p81〜82）。

10） 明刀銭が数百枚以上埋納されたまま出土していることから、貨幣としての機能を喪失したと見ることができます。したがってその時期を秦の戦国統一以後と見ることもできます。

11） 勒島遺跡で出土した鉄滓を分析した結果、溶解工程の鉄滓と確認されて溶解と関連した製鉄が行なわれた可能性が提示されています。しかし出土した炉壁片は隍城洞遺跡の溶解炉壁と比較すると還元によるガラス化が強くなく少ししか確認できず、さらに鎔范がまったく出土しなかったので、必ずしも鋳造鉄器を製造する溶解工程が行なわれたとは断言できません（金一圭 2007a）。

12） 鉄器の多量副葬と環頭大刀など副葬鉄器の器種など副葬形態を通じて階層分化された社会構造の変化を推測してみることもできるでしょう。

13） 炭窯と考えられる横口付き炭窯は考古地磁気分析によれば 2 世紀後半に出現して、3 世紀と 4 世紀に集中しますが（成亨美 2006）、これは銑鉄製錬と鋳造など新しい製鉄生産技術に伴う木炭需要の増加の結果と見られます（金一圭 2006）。

14） 馬弩関と鉄官は各々紀元前 82 年と紀元前 44 年に廃止となりました。したがってその後は漢の製鉄技術の伝来を予想できますが、現在まで原三国時代前

期でこれを証明できる遺跡と遺構、遺物などの考古学的証拠はありません。
15)　製炭遺構では横口付き炭窯が該当します。これは中国の龍窯からその起源を求めることが出来ます（穴澤 2002；金一圭 2006）。考古地磁気年代測定によれば3世紀前半に出現して、5世紀前半まで造成されました（成亨美 2006）。

参考文献
(韓国語文献)
啓明大学校博物館 2000『韓国と中国の古銭』
高久健二 1995『楽浪古墳文化研究』学研文化社
金永祐 1964「細竹里遺跡発掘中間報告⑵」『考古民俗』
金一圭 2006「隍城洞遺跡の製鋼技術について」『七隈史学』第7号　福岡大学人文学部歴史学科
金一圭 2007a「韓国古代製鉄遺跡の調査現況と特徴」『先史・古代手工業生産遺跡』第50回　全国歴史学大会　考古学部　発表資料集
金一圭 2007b「漢江流域の原三国時代成立過程」『原三国時代の漢江流域』2007年度第3回ソウル京畿考古学会定期発表会、ソウル京畿考古学会
金政文 1964「細竹里遺跡発掘中間報告⑴」『考古民俗』
孫明助 1998「朝半島　中・南部地方　鉄器生産의　現状」『嶺南考古学報』22
李德秀 1958「プンチョンリ錬鉄手工業場《一件》に対して」『文化遺産』3
朴成熙 2003「京春複線　加平駅舎敷地(達田里)発掘調査」『高句麗考古学の諸問題』第27回韓国考古学全国大会
朴長植 2003「金海大成洞古墳群出土鉄製遺物の製作技術に関する研究（金属組織分析を通じて）
パンソンホン 1967「ウンリュル郡雲城里土壙墓発掘中間報告」『考古民俗』
成亨美 2006「側口付炭窯に対する考古地磁気学的研究」『嶺南考古学』39号、嶺南考古学会
安春培 1984『昌原　三東洞　甕棺墓』釜山女子大大学校博物館
楊寬（盧泰天・金瑛洙　共訳）1992『中国古代冶金技術発展史』大韓教科書株式会社
嶺南文化財研究院 2000『大邱八達洞遺跡Ⅰ』

蔚山文化財研究院 2006『蔚山達川遺跡』蔚山文化財研究 現場説明会資料第13集

尹東錫・申璟煥 1982「韓国初期鉄器時代の土壙墓から出土した鉄器遺物の金属学的考察」『韓国考古学』13

李健茂ほか編 1989「昌原茶戸里遺跡発掘進展報告」『考古学誌』第1輯

李南珪 2006「考察1　勒島遺跡製鉄関連資料の考察」『勒島　貝塚Ⅴ』慶南考古学研究所

李南珪・権五榮・李基星・李明燁・申誠恵・韓志仙 2003『風納土城Ⅲ』韓神大学校博物館

李東完・朴炫昱 2003『古代製鉄復元実験報告』世淵鉄博物館調査報告書第2冊、世淵鉄博物館

崔完奎・趙仙榮・朴祥善 2005『益山　信洞里遺跡』圓光大学校　馬韓・百済研究所

湖南文化財研究院 2005『完州葛洞遺跡』

国立文化財研究所遺跡調査研究室漢城百済学術調査団 2004『04風納土城[事跡第11号]197番地一隊（旧　未来마을敷地）発掘調査指導委員会　会議資料』

国立光州博物館 2005『―特別展湖南考古学의成果2002〜2004―先史외古代의旅行』

慶南考古学研究所 2006『勒島　貝塚Ⅱ』

（日本語文献）

高橋　保 1962「支那鉄の東南流出について―鉄を中心としてみたる中国・南海諸国国間交渉史―」『たたら研究』9

関野　雄 2005『中国考古学論攷』同成社

宮崎市定 1957「「支那の鉄」について」『史林』第40巻 第6号、京都大学文学部内史学研究会

大澤正己 1993「韓国の鉄生産―慶州市所在・隍城洞遺跡概報に寄せて―」『古代学評論』

大澤正己 2004「金属組織学からみた日本列島と朝鮮半島の鉄」『国立歴史民俗博物館研究報告』第110集

大澤正己・長家　伸 2005a「附録2　隍城洞（江辺路遺跡）出土鋳造鍛冶関係遺

物の金属学的調査」『慶州 隍城洞 遺跡Ⅲ』韓国文化財保護財団学術調査報告第171冊

大澤正己・長家　伸 2005b「附録4　平川遺跡出土鍛冶関係遺物の金属学的調査」『蔚山川上里平川遺跡』蔚山文化財研究院　学術調査報告第25冊

武末純一 2002「三韓の鉄生産体制」『韓半島考古学論叢』すずさわ書店

松井和幸 2001『日本古代の鉄文化』雄山閣

李南珪 1993「韓国初期鉄器文化の形成と展開過程」『東アジアの古代鉄文化―その起源と伝播』

潮見　浩 1982『東アジアの初期鉄器文化』吉川弘文館

朝鮮総督府 1917『大正五年度古蹟調査報告』創文閣

村上恭通 1994「弥生時代における鉄器文化の特質―東アジア諸地域との比較を通じて―」『嶺南考古学会・九州考古学会　第1回　合同考古学会』資料編、九州考古学会・嶺南考古学会　合同考古学会実行委員会

村上恭通 1998『倭人と鉄の考古学』青木書店

穴澤義功 2002「日本古代の鉄生産」『第5回 歴博国制シンポジウム 古代東アジアにおける倭と加耶の交流』国立歴史民俗博物館

(中国語文献)

王　巍 1997「中國古代鐵器及冶鐵術對朝鮮半島的傳播」『考古學報』中國社會科學院考古研究所

王增新 1964「遼寧撫順市蓮花保遺址發掘簡報」『考古』6期、科學出版社

李京華 1999「新發現的 "濟" "萊一" "淮二" 鐵官銘小考」『考古』10期、科學出版社

李京華 2000「漢代大鐵官職官管理体系的再研究」『中原文物』4期

河北省文物管理處 1975「河北易懸燕下都44号墓發掘報告」『考古』4期、科學出版社

河北省文物研究所 1996『燕下都』文物出版社

（翻訳：松井和幸）

基調講演

東南アジアの鉄文化
—タイを中心として—

鹿児島大学法文学部
新田栄治

はじめに

　東南アジアの鉄器文化は代表例としてベトナムのドンソン文化、タイのバンチェン後期文化があげられますが、それ以外にも東南アジア各地に鉄器文化は繁栄しました。東南アジアの鉄文化については、発掘調査の密度が日本のように濃密ではないために、現在に至っても多くが解明されていません。また、ベトナムとタイを除くと、国ごとに考古学の調査研究の深度に大きなちがいがあり、先史学研究にはおいては未解明の部分が多いのです。このような限界があることを念頭に、新田の主たる調査地域であるタイを中心として、東南アジアの鉄文化の実態を考えていきます。

1　東南アジア金属器文化の始まり

　東南アジアでの金属器文化の始まりについては、紀元前3600年頃にまでさかのぼるという極めて古く考える説が、1970〜80年代に世界中に蔓延していました。このように古く考える説は、東北タイ、コンケン県・ノンノクタ遺跡（Non Nok Tha）およびウドンタニ県・バンチェン遺跡（Ban Chiang）の発掘により得られた多数のTLおよび^{14}C年代値のうちから、発掘者に都合のよい最古の年代値を選択して公表した結果でした。またこの年代は世界のどこよりも古いものでした（Gorman and Pisit 1976）。

　1981年のウドンタニ県バンナディ遺跡（Ban Nadi）などの、東北タイにある他の遺跡の発掘の結果および、ベトナム北部のソムレン遺跡（Xom Ren）とフンゲン遺跡（Phung Nguyen）から出土した中国殷末の玉器、牙璋によって、

前 3600 年とする年代観は否定され、青銅については前 2 千年紀末、鉄につい
ては前 500 年以降という年代観が定着することになりました (新田 2001)。近
年の AMS 年代測定値においても同様の結果が得られています (Higham 1998)。
ただし、ベトナムでは現在でも金属器時代の開始年代を古く考える傾向が続い
ており、ベトナムでの青銅器文化の開始はフンゲン文化にあるとして、その
年代を前 2000 年頃に始まり、前 1600〜前 1000 年ころに終わるとしています。
また鉄器時代については、ドンソン文化をその開始期とし、前 800〜前 700 年
を始まりとしています (Ha Van Tan ed. 1999)。ベトナムの年代観について注
意すべきことは、フンゲン文化は全体としては後期新石器文化であり、製品
が未発見であって、金属があった痕跡は疑わしいので、青銅器文化といえるか
疑問ですし、ドンソン文化の年代観についても、出土する金属製品の型式学的
年代観では紀元前 4 世紀以降のものでして、ベトナム研究者がいうような古さ
ではないという点です。

現時点では、東南アジアにおける青銅の出現を紀元前 2 千年紀末、鉄の出
現を紀元前 500 年以降としておきます。

東南アジアの鉄に関する技術が中国やインドなどの近隣地域からの伝播に
よるものなのか、あるいは東南アジアの青銅技術から独自に生み出されたもの
なのかについては、結論はでていません。東南アジアの鉄は錬鉄で、鋳鉄はな
いこと、ベトナムでは中国の鉄製品が輸入されていることは確実です。ベトナ
ム以外の地域では中国製鉄製品の出土はありません。

2 東南アジアの鉄資源

東南アジアの鉱物資源については、1973 年の ECAFE (Economic Commission
for Asia and the Far East) によるメコン流域での鉱産資源調査報告書 (Workman
1973) の出版以降、国連が地下資源の探査を行ない、国別にその調査結果を報
告しています[1]。これらの報告書を利用することにより、どのような地下資源
が埋蔵されているかを知ることができます。大陸部に限定すると、タイでは東
北タイと中部タイの境界をなすプーウィアン山脈北部にルーイ県 (Loei) 北部
と中部タイ、ロブリー県 (Lopburi)、カンボジアではタイ国境に近い北部のプ
レアヴィヘア州 (Preah Vihear) のほかに、北部で鉄鉱石埋蔵地が確認されて

います。ラオスでは北東部のシェンクワン県（Xieng Khouang）に埋蔵地があり、またベトナムでは中部海岸地帯に小規模の埋蔵地が多数散在するほか、北部に規模の大きな鉄鉱石埋蔵地があります。

　これらの報告書では鉄資源としては鉄鉱石埋蔵地があげられていますが、鉄鉱石のほかに、砂鉄および鉄ノジュール（iron nodule）があります。上記報告書は現代の経済開発の視点で作成されたものですので、先史時代の鉄資源採取レベルとは異なっており、現実には相当規模の小さな鉄鉱石埋蔵地も利用されていた可能性はあります。

　新田が発掘および現地踏査によって採集した鉄器と鉄滓の金属分析の結果によれば、ほとんどの例は鉄鉱石を原料とする鉄ですが、わずかに砂鉄を原料とする鉄もみられます（バンドンプロン遺跡で1987年に採集した炉内滓）[2]。

　また、東北タイ南部を東西に流れるムン川流域には、ラテライトに起源する鉄イオンが粘土粒に凝集して形成され、その粘土粒をコアとして外周に酸化鉄の皮膜をもつ鉄ノジュールが散布しており、特異な鉄原料としてあげることができます。

3　東南アジアの製鉄

　1990年の新田によるタイの製鉄遺跡の発掘以降も製鉄遺跡の発掘はほとんど行なわれず、現在に至っても、製鉄遺跡の発掘例は中部タイ・ロブリー県のバンディルン遺跡（Ban Di Lung）と、東北タイ・ブリラム県のバンドンプロン遺跡（Ban Don Phlong）および2009年に調査されたバンクルア周辺の遺跡（Ban Kruad）の3遺跡のみになります。かつて東マレーシア・サラワク州所在の製鉄遺跡といわれたものは、新田による現地踏査の結果、製鉄遺跡ではなく、自然にできた酸化鉄集積であることがわかっています。そのため、発掘調査された遺跡が3遺跡に過ぎない現状では、東南アジア全体を通じた製鉄の実態を知ることは不可能です。しかしながら、東北タイには「バンキーレック」（Ban Khi Lek）という名前の村が相当数ありますが、この村名の意味するところは「鉄滓の村」であり、事実これらの村には鉄滓と先史時代後期の土器とが散布していますし、現実に鉄滓が散布する遺跡はタイ全土にかなりの数が存在しますので、製鉄自体は広範に行なわれていたことは間違いありません。

ポーンチャイによればタイ中部、北部、東北部で鉄滓の散布が確認された遺跡は47遺跡にのぼります（Suchitta 1984）。現在ではさらに多数になると思われます。

(1) バンドンプロン製鉄遺跡 （口絵9）

紀元前の製鉄遺跡であるタイのバンドンプロン遺跡の発掘調査により、製鉄の実態を見ていきます（新田1991；Nitta 1991・1992）。1990年10月～12月に新田が発掘したバンドンプロン遺跡は、ムン川中流域に位置する、三重の環濠と土塁で囲まれた、南北1km、東西850mの環濠遺跡です。マウンド西側斜面に大量の鉄滓と土器片などが堆積しています。5×16mの発掘区内から、製鉄炉17基、製鉄に伴う鞴羽口や鉄滓、土器片などを廃棄したゴミ捨て穴1基、作業小屋と考えられる建築遺構1基、多数の柱穴と焼けた木柱などを検出しました（図1-1～4）。

製鉄関係遺構が検出された文化層は3つあります。最上層の第1文化層からは8基の製鉄炉を検出しました。8基の製鉄炉はA～Fの6基とG,Hの2基の2群で構成されています。炉Aは遺構上部を削平により破壊され、炉底部のみが残り、炉底に鉄滓が残ります。炉B構築に伴う粘土面を破壊して構築しています。炉Bは平面楕円形の炉で、炉壁は高熱のために溶融して硬化しています。鞴羽口取り付け部は炉の東部にあり、幅2～3cm、長さ25cmの断面U字形をした送風管を据えたと推定される粘土の溝が見られ、炉内残留滓があります。炉Cは底部のみ残ります。炉Dは炉Bにより破壊されており、炉東側に送風管痕跡があります。炉Eは上部を破壊された後に粘土で覆われ、炉東側に鞴羽口取り付け部と推定される幅6cmの硬化面があります。炉Fはほとんど破壊されています。炉Gは平面楕円形の炉で、炉北側に鞴羽口取り付け部と推定される硬化面があり、西側には排滓口があります。炉Hは炉Gと似た構造をもちますが、炉Gにより破壊されています。第1文化層の製鉄炉はいずれも小さく、炉の廃棄後に清掃・整地を行なって順次新しい炉を構築しており、焼土堆積も薄く、長期の使用はなかったとみられます。

第2文化層からは7基の製鉄炉、ゴミ捨て穴1基、建築遺構を検出しました。最も盛んに稼動していた時期です。炉S5は最も残りがよく、短径25cm、長径32cmの平面卵形で、残存深さ25cmです。炉壁は高熱のために硬化して

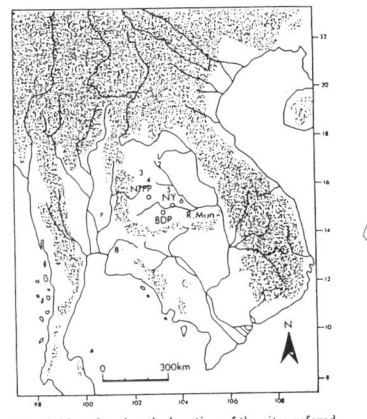

Fig. 1 Map showing the location of the sites refered.
NY : Non Yang   BDP : Ban Dong Phlong
NTPP : Non Tung Pie Pone

1．関連遺跡分布図

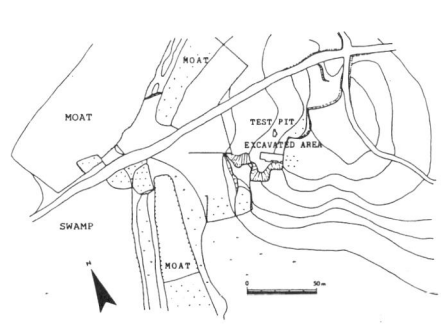

Plan of the surrounding area of the site at Ban Don Phlong

2．バンドンプロン遺跡周辺図

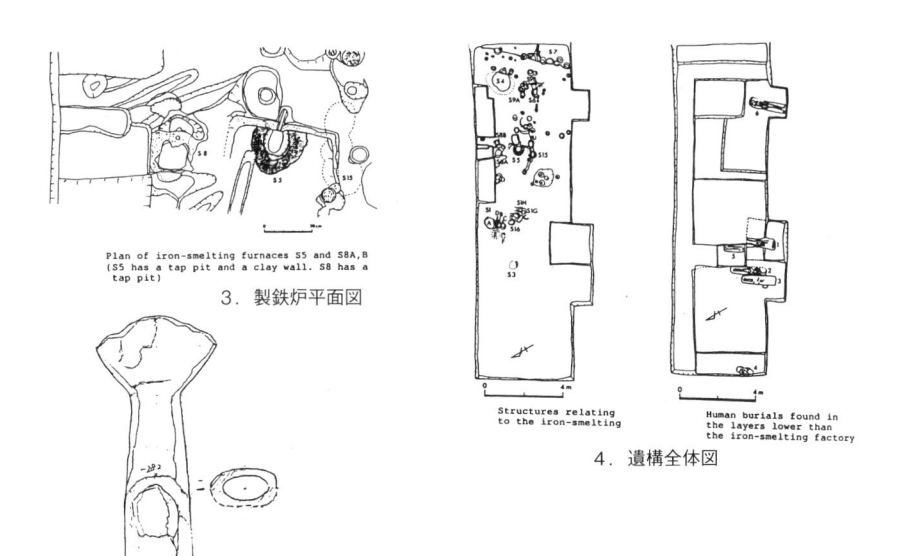

Plan of iron-smelting furnaces S5 and S8A,B
(S5 has a tap pit and a clay wall. S8 has a tap pit)

3．製鉄炉平面図

Structures relating to the iron-smelting

Human burials found in the layers lower than the iron-smelting factory

4．遺構全体図

Iron-smelting Site at Ban Dong Phlong

5．ノンヤン遺跡出土の掘棒刃先

図1　バンドンプロン製鉄遺跡と出土掘棒刃先

おり、送風管と鞴羽口の装着位置と反対側の炉西壁は特に著しく、ガラス化しています。炉東側に鞴羽口取り付け部の粘土の台が残り、長さ23cmで、断面弧状、送風管直径は7cmと推定されます。炉西側に排滓坑があり、炉の東側にはスサを含む粘土で構築された「コ」字状の囲壁が設置されており、作業者を火熱から守る装置であったとも考えられます。この粘土壁を貫通して送風管が装着されていました。防護壁内部、つまり炉の周囲は粘土を貼って作業床を構築していました。炉の断面からは、少なくとも3回の炉壁の補修が行なわれていましたので、反復使用していたことがわかります。炉S6は羽口取り付け部、炉壁、炉底の一部を残して破壊されています。炉S8AおよびBは炉S5のすぐ北側にあり、2基の炉が重複します。炉S8Bは破壊されて一部のみ残ります。炉S8Aは50×20cmの不整楕円形平面、深さ25cmの炉、28×30cm、深さ30cmの排滓坑、および挿入された状態で残る鞴羽口で構成されています。炉底には大きな鉄滓が残り、羽口は45度の角度で炉内に挿入されており、先端部は高熱のためにガラス化しています。炉の断面観察によれば一度の補修が認められ、反復使用していました。炉S9Aは炉S9Bを破壊しています。直径25cm、深さ22cmの円形に近い炉だけからなり、排滓坑はありません。羽口取り付け部は北東側にあり、炉内残留滓と崩落した炉壁が内部より検出しました。炉S15は炉S5により破壊され、炉と排滓坑からなります。炉の周囲には粘土を張って作業面としています。補修痕があり、反復使用されました。炉のほかに、ゴミ捨て穴があり、直径95cmの円形で底部に向かって広がる断面袋状竪穴です。内部には大量の鉄滓、羽口破片10点以上と、土器片がわずかに入っていました。清掃、整地後のゴミを一挙に処理したものと思われます。

　最下層の第3文化層からは製鉄炉2基を検出しました。炉S3は大部分破壊されており、直径40cmほどの円形炉です。炉S16は直径25cm、深さ15cmの円筒形炉で、排滓坑をもち、炉および排滓坑内には残留滓がありました。羽口取り付け部は幅10cm、長さ20cm、深さ6cmの溝状に粘土で整形されます。炉壁と炉底部は丁寧に粘土が貼られており、高熱により硬化しています。炉壁の補修は見られません。

　以上の結果、バンドンプロン遺跡の炉は小形の円筒形のシャフト炉で、地

上構造物として煙突状の粘土構造物と粘土を貼った地下構造物とからなる炉とわかりました。炉には、①円筒形炉本体と羽口取り付け部からなるもの、②円筒形炉本体と羽口取り付け部、排滓坑とからなるもの、の2種類があります。両者は時期的に並存するので時期差によるものではありません。鞴についてはまったくわかりませんが、東南アジアに普遍的にみられる丸太をくり抜いたピストン鞴を縦に2基置いて、1本の送風管と結び、その先に土製羽口を装着した送風装置であったと思われます。

　第2文化層採取の8点の木炭サンプルの^{14}C年代測定値は紀元前3世紀後半～前1世紀中頃で、バンドンプロン遺跡の製鉄工房は紀元前3～前2世紀を

Table 1 (cont'd)

N-6166:	2010±95 BP	(60±95 BC)	Charcoal from the 6th layer in the subtrench. This sample was collected in-the burial layers.
N-6167:	2110±135 BP	(160±135 BC)	Charcoal from the 6th layer in the subtrench.
N-6168:	2210±85 BP	(260±85 BC)	Charcoal collected in layer 2 at the southwest corner of grid A in the main trench.
N-6169:	210±80 BP	(260±80 BC)	Charcoal collected in layer 2 in grid A2 in the main trench.

Table 2. Metallurgical analysis of iron slag and melted iron or iron nodules collected at Ban Dong Phlong (Metallurgical analysis was carried by Prof. Isamu Taguchi, Museum Science Department, National Museum of Japanese History, Sakura, Japan)

	FeO	SiO2	Al2O3	MnO	CaO	MgO	K2O	TiO2	V2O3	CuO	P	S
No.1	0.60	35.36	12.79	0.00	0.70	0.00	0.55	0.00	0.00	0.00	0.00	0.00
No.2	3.88	34.92	9.96	0.00	0.86	0.00	0.38	0.00	0.00	0.00	0.00	0.00
No.3	7.77	31.68	9.S9	0.00	0.69	0.00	0.27	0.00	0.00	0.00	0.00	0.00
No.4	3.79	35.68	9.01	0.00	0.30	0.70	0.29	0.00	0.00	0.00	0.22	0.00
No.S	0.08	30.65	8.79	0.00	0.00	0.31	0.00	0.00	0.00	0.00	0.17	0.00
No.6	1.12	66.33	4.20	0.01	2.15	1.13	3.66	0.00	0.00	0.00	1.19	0.21
No.7	2.92	42.55	13.26	0.00	0.68	0.04	0.55	0.00	0.00	0.00	0.00	0.00
No.8	8.79	34.74	6.15	0.00	0.14	0.00	0.18	0.00	0.00	0.00	0.00	0.00
No.9	7.75	42.38	4.03	0.00	3.77	0.00	2.06	0.00	0.00	0.00	0.00	0.00
No.10	3.58	21.39	1.49	0.12	1.57	0.93	0.30	0.00	0.00	0.00	0.41	0.21
No.11	9.87	40.13	6.62	0.07	1.64	0.14	1.53	0.00	0.00	0.00	0.00	0.00

(No. 1: Slag from Furnace 1-A, No. 2: Slag from Furnace 1-B, No. 3: Slag from Furnace 1-B, No. 4: Slag from Furnace 1-H, No. 5: Iron Nodule from Furnace 4, No. 6: Melted Iron Nodules and Clay Wall from Furnace 5, No. 7: Slag from Tappit of Furnace 5, No. 8: Slag from Furnace 6, No. 9: Slag from Furnace 8-A, No. 10: Slag from Furnace 8, No. 11: Slag from Furnace 16.)

Table 3. Results of the analysis detailed in Table 2 above

Sample	Result of Analysis
No. 1	Smelting slag from iron ore
No. 2	Smelting slag from iron ore
No. 3	Smelting slag from iron ore
No. 4	Smelting slag from iron ore
No. 5	Iron nodules
No. 6	Melted iron nodules and clay wall
No. 7	Smelting slag and clay wall
No. 8	Smelting slag from iron ore
No. 9	Smelting slag from iron ore
No. 10	Semi-deoxidized iron ore and clay wall
No. 11	Smelting slag from iron ore

図2　バンドンプロン製鉄遺跡の^{14}C年代値と鉄滓分析値

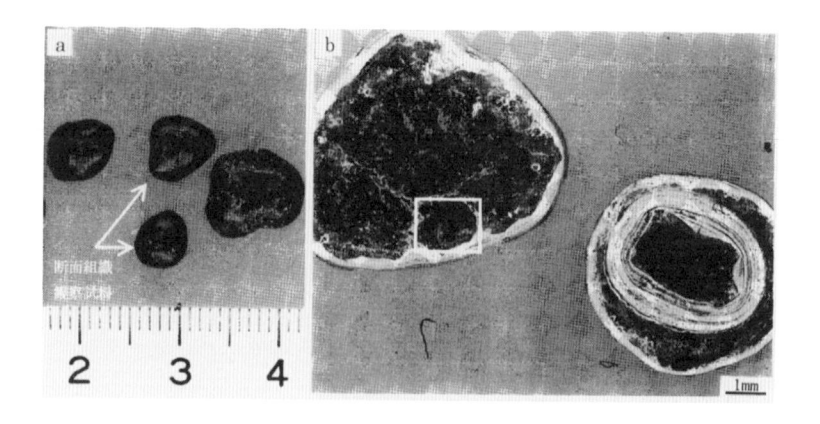

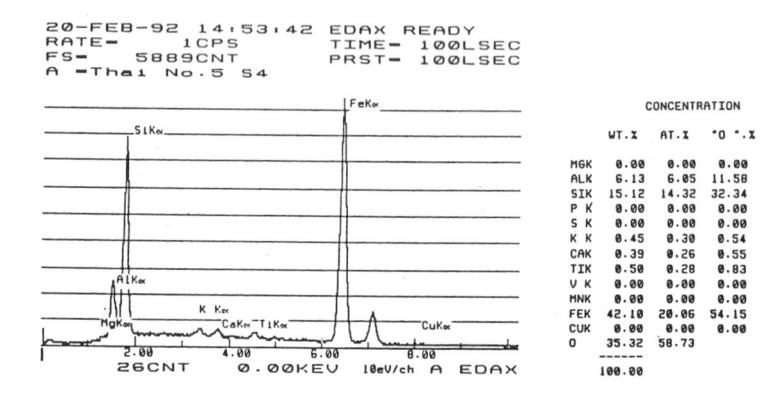

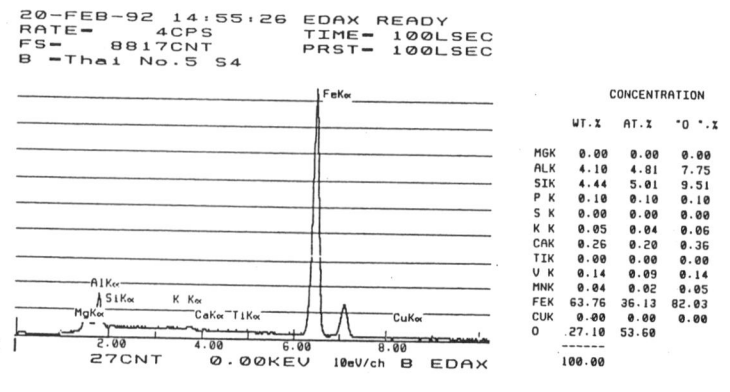

```
20-FEB-92 14:53:42   EDAX READY
RATE-      1CPS      TIME-  100LSEC
FS-     5889CNT      PRST-  100LSEC
A -Thai No.5 S4
```

CONCENTRATION

	WT.%	AT.%	*O *.%
MGK	0.00	0.00	0.00
ALK	6.13	6.05	11.58
SIK	15.12	14.32	32.34
P K	0.00	0.00	0.00
S K	0.00	0.00	0.00
K K	0.45	0.30	0.54
CAK	0.39	0.26	0.55
TIK	0.50	0.28	0.83
V K	0.00	0.00	0.00
MNK	0.00	0.00	0.00
FEK	42.10	20.06	54.15
CUK	0.00	0.00	0.00
O	35.32	58.73	
	100.00		

```
20-FEB-92 14:55:26   EDAX READY
RATE-      4CPS      TIME-  100LSEC
FS-     8817CNT      PRST-  100LSEC
B -Thai No.5 S4
```

CONCENTRATION

	WT.%	AT.%	*O *.%
MGK	0.00	0.00	0.00
ALK	4.10	4.81	7.75
SIK	4.44	5.01	9.51
P K	0.10	0.10	0.10
S K	0.00	0.00	0.00
K K	0.05	0.04	0.06
CAK	0.26	0.20	0.36
TIK	0.00	0.00	0.00
V K	0.14	0.09	0.14
MNK	0.04	0.02	0.05
FEK	63.76	36.13	82.03
CUK	0.00	0.00	0.00
O	27.10	53.60	
	100.00		

図3　バンドンプロン製鉄遺跡炉内残留の鉄ノジュール

中心として稼動していました。

　炉内残留滓の分析結果からは、鉄鉱石を原料としたことが推定されています（図2）。また、炉内残留滓のなかに、直径数ミリの粒状鉱物が未溶融状態で固着したものがあります。この粒状物をCTスキャンした結果、粘土粒をコアに、その外周に酸化鉄が凝集したものであることがわかりました（図3）[3]。このような粒状物を鉄ノジュール（iron nodule）と呼びますが、ラテライトに起因する鉄イオンが粘土粒に凝集して形成されたもので、ムン川流域には広く存在します（新田編 2006）。鉄鉱石に加えて、この鉄ノジュールも鉄原料の可能性があります。燃料の木炭の出土は1987年の事前調査時に炉のそばから大量の木炭の集積が見られました（新田 1988）。

(2)　バンディルン製鉄遺跡

　タイ中部ロブリー県パッタナニコム郡にあり、鉄滓と鞴羽口破片を含む、60以上の大小のマウンドがあります。1980年にポーンチャイ・スチッタ（Pornchai Suchitta）が2基のマウンドを発掘し、6世紀および14世紀の製鉄炉を検出しました（Suchitta 1984）。大量の流動滓が出土しており、製鉄炉であったことが確認されました。6世紀の製鉄炉は、直径1.5mの円筒形炉で、粘土により炉を構築し、おそらく地上部に円筒形の構造があったと思われる、円筒形シャフト炉です。マウンドから出土した鉄鉱石は赤鉄鉱で、その分析結果によると、約40km西にある鉄鉱山、カオタップクワイ（Khao Thap Kwai）の赤鉄鉱と近似した数値を示しており、鉄鉱石供給地がカオタップクワイであったことを示しています。出土した木炭サンプルには硬い樹種の木と竹とがありますが、竹は炉の構築の枠として使用したものであり、燃料は木であったと推定されます。ちなみに、アユタヤ時代（1351～1767）の刀剣製作地として現在も製鉄と刀鍛冶を行なっているタイ北部、ウッタラディット県の村、バンナムピー（Ban Nam Pi）では、チーク（teak）が製鉄用木炭の樹種として最良とされていました（新田 1996）。鞴羽口破片の大量出土から、この地方で普遍的に使用されている、ヤシの幹を刳り貫いて作ったピストン鞴を2基縦に並列して送風し、製鉄を行なっていたと推定されます。

　バンディルン遺跡での製鉄は、近隣に存在する鉱山から供給される赤鉄鉱を原料とし、遺跡周囲の植生である樹種、おそらくチークなどのフタバガキ科

の樹木を木炭として、錬鉄生産を行なっていました。このような製鉄方法は先史時代から一貫するものです。

　以上のタイの製鉄遺跡の調査から次のようにまとめられます。ムン川流域では鉄ノジュールの可能性もありますが、鉄鉱石を一般的な原料とし、木炭を燃料とする小規模な円筒形シャフト炉による錬鉄生産が行なわれていました。小規模生産ですが、多数の炉を稼動させることによる量的確保も同時に行なわれていました。このような製鉄方法は遅くとも前3世紀には確立されており、その後長く東南アジアの伝統的な製鉄として持続します。

4　製鉄のエスノグラフィー

　先史時代よりの製鉄方法がその後も持続したことを述べましたが、東南アジアの製鉄エスノグラフィーはそのことをよく示しています。以下にタイの2例をあげます。

(1)　東北タイ、ルーイ近辺での1860年代の製鉄

　アンコール・ワット再発見者として有名なアンリ・ムオー（Henri Mouhot）の記録です（Mouhot 1989）。鉄原料はルーイの山から採掘された磁鉄鉱の鉄鉱石で、製鉄炉は山の近くに設置され、一辺1.4mの方形の穴が地面に掘られたものです。鉄鉱石は炉に入れられ、木炭により還元されます。溶けた鉄は炉底に溜まり、製鉄が終わるとかきだします。できた鉄は村に持ち帰り、さらに炉に入れ加工して製品を作ります。送風装置は一対の竪型鞴で、一人の子供が操作します。つまり製鉄と鍛冶が行なわれているということです。従事者はフルタイムではありません。ここで作られた鋤先と刀は周辺に輸出され、東北タイよりも遠方にまで輸出されています。

(2)　北タイ、チェンマイ県ボールアン高原に住むラワ族による採鉱と製鉄、鍛冶
（Colquhoun 1885；Hutchinson 1934；Suchitta 1984）

　鉄鉱石は村から1日行程のところにある山で採掘する磁鉄鉱です（Hutchinsonによれば赤鉄鉱）。採掘は男女、子供も従事します。鉱石は村に持ち帰って製錬します。製鉄炉は約1mの高さの箱型炉で、竹を芯にして、粘土を5cmの厚さに塗ったもので、炉底中央に直径25cmの穴が掘ってあります。最上部に直径10～20cmの投入口があり、炉壁底部に直径10～15cmの鉄取り出し口兼

排滓口があります。羽口挿入口は直径5cm、直径5cm くらいの土製羽口が取り付けられ、羽口はダブル・ピストンの鞴につながる竹の管につながります。鉄鉱石と造滓剤に使う鉄滓小片を細かく砕き、木炭とともに炉中に入れ、約半日で海綿鉄ができます。できた鉄はオレンジのような形をした鉄塊で、この鉄を使って製鉄と同じ工人が製品化します。

これらの例はいずれも簡単な炉を築いて、近辺の鉱山から採掘した身近な鉄資源を利用した小規模な生産です。

5　鉄器と鉄器文化

東南アジアで出土した鉄器はかなりの量にのぼりますが、詳細がわかるものはごく少数です。東南アジアの鉄器はベトナム北部に少量の中国製鉄製品がありますが、基本的に鍛鉄製品です。東南アジア各地の鉄器文化と鉄製品の様相を概観します。東南アジアの遺跡の発掘例はほとんどが墓葬であるため、鉄器資料も墓葬の副葬品であるという限界があります。

(1)　ベトナム北部

ベトナム初期金属器時代はフンゲェン文化、ドンダウ文化、ゴームン文化、ドンソン文化の4期に分けられ、最後のドンソン文化期に鉄器が現われます（図4-1）。ドンソン文化期の墓葬には大量の副葬品を伴う場合がありますが、金属製品として副葬されるのは青銅器がほとんどであり、鉄器の副葬は稀です。紅河デルタ縁辺部のハイフォン市で5基の木棺墓が出土した紀元前3世紀のヴェトケ遺跡（Viet Khe）では、そのうちの1基の木棺墓に100点以上の金属製品が副葬されていましたが、すべて青銅器で鉄器は1点もありませんでした（Bao Tang Lich Su Viet Nam 1965）。同時期の木棺墓が出土したチャウカン遺跡（Chau Can）でも同様でした（Luu 1977）。いっぽう、同じデルタ縁辺部のスアンラー遺跡からは4基の木棺墓が出土し、青銅製槍先と銅斧のほかに、第2種五銖銭、大泉五十とともに鉄製鋸と、木製の柄が付いた鍛鉄製斧が副葬されていました（Pham and Trinh 1982）（図4-3）。紀元後1世紀前半と推定されますが、このころになるとベトナムに鉄器が普及していることが推定できます。

紅河デルタ上部のランカー遺跡（Lang Ca）でも青銅器とその鋳型は出土し

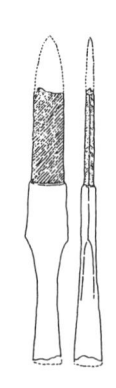

2．ドンソン遺跡出土の
鉄刃銅ソケットの槍先
（Janse 1958,Fig.18）（L.18.5cm）

Bản vẽ 14. ĐỒ SẮT VĂN HOÁ ĐÔNG SƠN
1. Nồi nấu rót đồng; 2. Giáo; 3, 4. Liềm; 5-7. Cuốc chữ U; 8, 11. Cuốc; 9, 10 Rìu.

1．ドンソン文化の鉄器（Ha 1999,P.54）

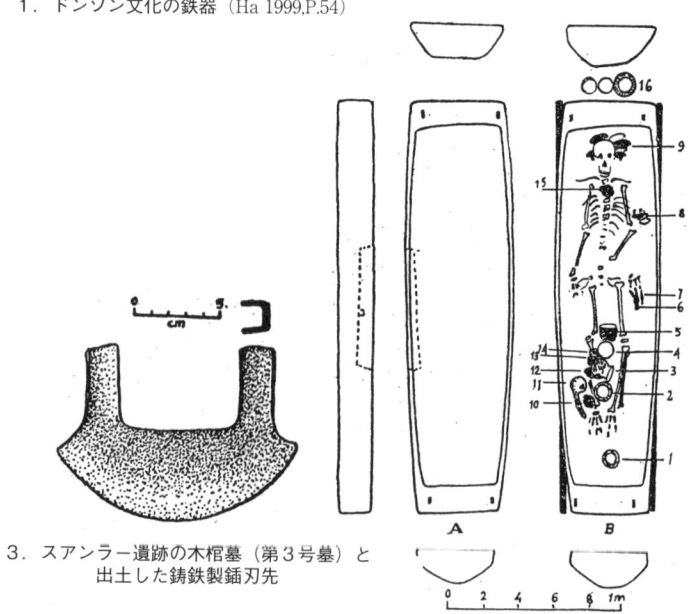

3．スアンラー遺跡の木棺墓（第3号墓）と
出土した鋳鉄製鍬刃先

図4　ベトナム北部出土の鉄器

ますが、鉄器の出土はありません。ただし青銅柄の鋳型があり（Trinh and Ngo 1980）、おそらく鉄刃銅柄のバイメタル短剣の柄を鋳造するものと思われます。このようなバイメタル製品は、ドンソン遺跡の墓葬から、木柄を挿入するための青銅製ソケットに鉄刃が鋳込まれた槍先が出土しており（Janse 1958, Pl.22, Fig.18）（図4－2）、鉄器加工技術の初期段階において、旧来の青銅器鋳造技術の延長として鉄刃銅柄のバイメタル製品が作られたと推定されます。

　ドンソン文化期の遺跡から出土した鉄器には、刃部が扇形をした鉄斧と平面長方形の鉄斧があり、前者は銅斧の形態を継承するものです。前代の青銅製品の伝統を引き継ぎながら、新たに生み出されたもの、および中国からの輸入品が混在する状態でした。しかし、質量ともに傑出した青銅製品に比べ、ベトナム北部の鉄製品の生産状況については多くが不明です。

(2)　ベトナム中部

　ベトナム中部、北はフエから南はカムラン湾に至る沿岸地域にはドンソン文化とほぼ同時代にサーフィン文化（Sa Huynh）がありました。サーフィン文化の遺跡は砂丘上に営まれた縦置き甕棺墓の集合墓地であることが通例です。ほとんどの場合、甕棺内には人骨はありませんが、全身骨格が残っている場合もあり、一次葬の甕棺であった可能性があります。二次葬甕棺が通例の他地域とは異なります。

　甕棺内には副葬品として小形土器、鉄器、石製装身具（双獣頭形耳飾、傘型突起付耳飾、いわゆるリンリンオなど）やガラス・ビーズ類が、甕棺外部に奉献品の小形土器が置かれることが多く、副葬された鉄器には、槍先、剣、斧、鑿、ナイフ、鎌などがあります。青銅器の副葬もありますが、稀です。

　近年、クアンナム省のトゥーボン川流域の内陸部のサーフィン文化墓葬の発掘が行なわれ、通例の副葬品に加えて漢鏡を副葬する甕棺があることが明らかになりました（Yamagata et al.2001；Yamagata 2006）。ビンイェン遺跡（Binh Yen）からは7基の甕棺が検出され、第6号墓から鉄斧、ナイフ、鎌（図5）が、第7号墓には鉄剣、槍先、素環頭刀子、斧、鎌などの鉄製品と前漢末（紀元前70～前50）の日光鏡、耳飾が副葬されていました（図6）。また、ゴーズア遺跡（Go Dua）からも甕棺墓に鉄器4点、ビーズ類44点などとともに四乳竜虎鏡が1面副葬されていました（Lam et al. 2001）。漢鏡の出土例は、中部のホイ

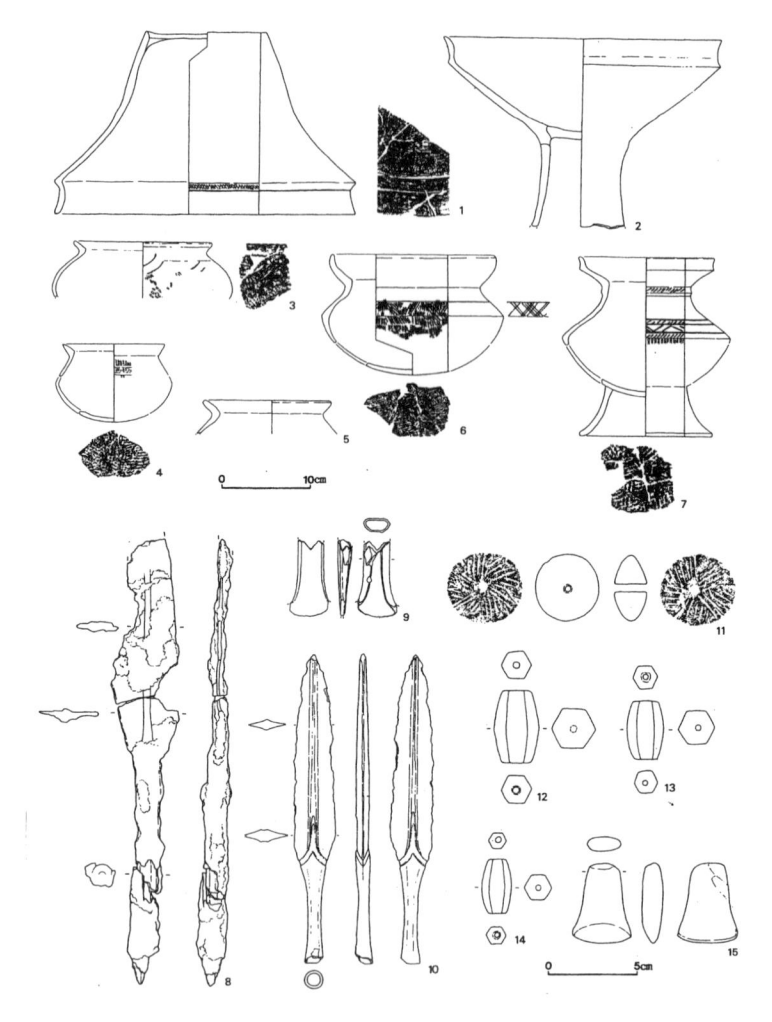

図5　サーフィン文化ビンイェン遺跡の第6号甕棺墓と出土遺物
(Yamagata 2006, Fig.17.8)

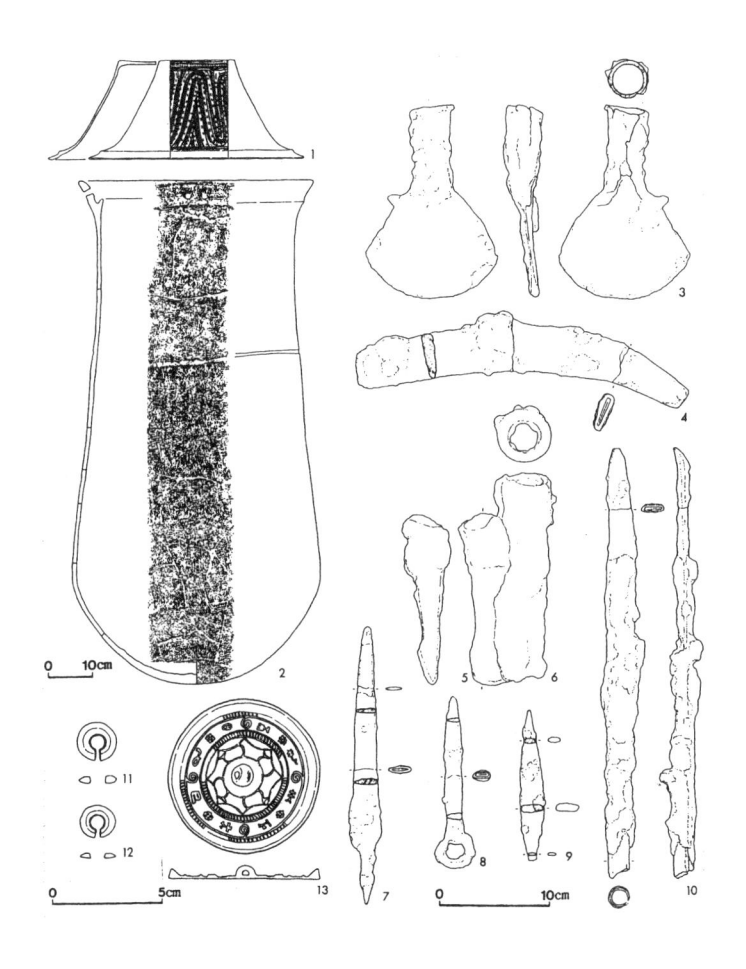

図6　サーフィン文化ビンイェン遺跡の第7号甕棺墓と出土遺物
（Yamagata 2006,Fig.17.7）

アン近郊のライギ遺跡（Lai Lghi）や南部ビンズン省の1式銅鼓を蓋にした丸太刳り貫き木棺墓遺跡フーチャイン遺跡（Phu Chanh）でも副葬品として出土しています（Bui 2003；新田ほか 2005）。サーフィン文化域に中国との関係を示す遺物があることは、その後の歴史展開にとり重要です。

(3) 東北タイ

東北タイには多数の鉄器時代の遺跡が分布します。斧を主とした青銅器鋳造を盛んに行なっていた村落のなかに、鉄器が現われてきます。

ウドンタニ県バンチェン遺跡ではバンチェン中期に2点のバイメタルの槍先があります（White 1982, Pl.105,106）。後期（紀元前300～紀元200）になると鉄器の種類と量が増えてくるといい、ドンソン文化の例と同様に鉄普及以前の段階での現象と思われます。同じような現象は、装身具にも見られます。装身具の変遷は新石器時代以来、石・貝製品から青銅製品が現われますが、青銅製腕輪の外周に鉄線を巻いたバイメタルの装身具がこの時期に現われます（White 1982, Pl.107）。青銅の金色に対して、鉄の銀色を配する妙でしょう。

バンチェン遺跡の近郊にある同時代の遺跡バンナディ遺跡（Ban Nadi）からも、土壙墓の副葬品としてバンナディ後期段階に鉄製品の副葬があります。掘棒刃先、ナイフ、鎌、収穫具と考えられる小形のナイフのほかに、装身具と考えられるコイル状鉄線、鉄条を巻いた首輪と腕輪があります（図7-3）（Higham et al. 1984: Fig.3-26,27）。

このような鉄製首輪などの装身具は、ナコンラーチャシーマー県ノン・ウローク遺跡（Non U-Loke）の鉄器時代初期（紀元前300～前200）の埋葬人骨が身につけていました（Wichakana 1991, Higham 2002）。ノン・ウローク遺跡でのその直後の墓葬では、副葬される鉄器はソケット付斧、ソケット付槍先などの実用品に変わります。この男性人骨は、青銅首輪と腕輪、虎牙で作ったネックレスを身につけ、魚骨が詰まった土器を足元に置き、青銅槍先2、貝製円盤、穿孔し研磨した牛骨製装身具などを伴っており、傑出した存在でした。すなわち、鉄普及初期段階では鉄は装身具として始まり、その後実用品として製作されるようになり、従来の青銅は実用品から装身具やPrestigeous goodsの素材に変わったことを示しています。鉄器には、大形槍先、剣、鏃、斧あるいは掘棒刃先、茎付ナイフなどがあります。注目されるのは、長さ6cmの鉄鏃が背

後から脊椎骨近くに突き刺さった若年男性埋葬人骨があることです（Higham 2002:207）。鉄鏃による受傷が死因となったと思われ、この事実は弥生時代の日本と同じように、戦がある社会になっていったことを示すものです。

 3で記したように、バンドンプロン遺跡をはじめとして製鉄が行なわれるようになるのも、紀元前3世紀頃からであり、東北タイの鉄の画期は紀元前3世紀におけるのではないかと考えます。

 スリン県ノンヤン遺跡（Non Yang）は紀元前3〜前1世紀の木柵列および幅・深さともに4mの大規模なV字濠を構築して防衛した集落遺跡です。紀元前1世紀の木柵列のための布掘り工法による溝を掘った鍛鉄製掘棒刃先1点が置き忘れられた状態で出土しました（Nitta 1991）。このことは紀元前1世紀には相当程度鉄が普及していたことを思わせます。

 ドンクラン遺跡（Don Klang）墓葬出土の斧（^{14}C年代値によれば紀元前390）の刃部の金属学的分析によると、浸炭による鋼化と焼き入れが行なわれているものがあります（図7-1）（Piggot et al. 1984）。ノンヤン遺跡出土掘棒刃先も鍛打による成形が行なわれています。鍛造を繰り返し、一部には浸炭による鋼化技術を得るレベルに達していたと思われます。

(4) 中部タイおよび西タイ

 中部タイでも鉄器時代の墓葬が数箇所で発掘されており、いずれも実用鉄器、青銅装身具、ビーズ、さらには金製ビーズを副葬するものがあります。

 重要なのは西タイの2遺跡です。バンドンターペット遺跡（Ban Don Tha Phet）の墓葬は多数の鉄器を副葬し、サーフィン文化の双獣頭形耳飾や、南インド産の突起付青銅容器（knobed ware）、さらにはインド風の女性の姿を毛彫りした青銅容器なども出土し、ベトナムやインドとの交流を物語る遺物があります（Glover et al.1984）。^{14}C年代値によれば紀元前4世紀前半とされますが、出土遺物の年代観によれば紀元後1世紀頃とするのが妥当で、鉄器普及期に属する墓葬です。そのため出土した鉄器は多数かつ種類も多く、掘棒刃先、ソケット付鎌あるいは鉈、大型槍先、鏃、ナイフ、銛先などがあります（図8-1）。槍先は折り曲げられており、副葬するにあたって儀礼的に処理したものでしょう。また折り曲げることができる程度の硬度であり、鋼ではないようです。

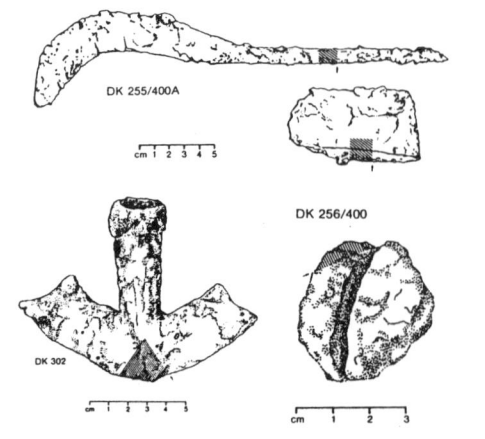

1. ドンクラン遺跡出土の鉄器
（Piggot et al.1984）

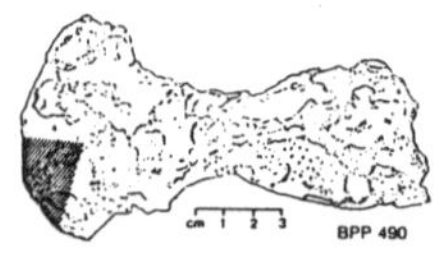

2. バンプワンプー遺跡の鉄斧
（Piggot et al.1984）

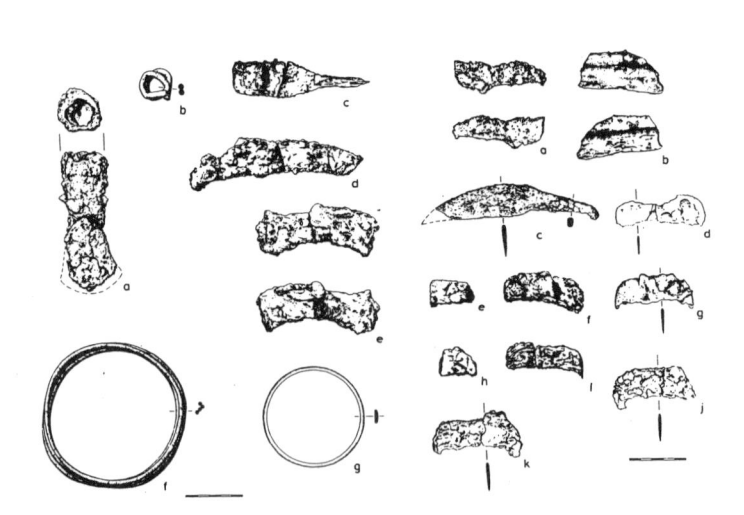

3. バンナデイ遺跡出土の鉄器
（Higham et al.1984,Fig.3-26,27）

図7　東北タイの鉄器

ビルマ国境に近い、クワエヤイ川（Kwae Yai）上流には洞穴が多くありますが、それらには舟形木棺墓を安置する墓地として使われているものがあります。そのような洞穴にオンバー洞穴（Ongbah）があります（Sørensen 1988）。^{14}C年代値によれば紀元前3世紀以降の墓葬であり、1式銅鼓6点の副葬もあります。鉄製の柄がついた鍬先、斧（adze）、多数の鑿、ソケット付斧（ax）、鉄線などが出土しています（図8-2）。

　近年、6世紀以降に都市が出現してくるタイ湾西海岸地方において多くの先史時代遺跡が確認されています。それらのうち、ラップブリー県ノンクワン遺跡（Nong Kwang）が発掘され、鉄器時代の土壙墓の墓葬が検出されました（Kanjanajunton 2006）。副葬品として9点の鉄器、青銅指輪、青銅鈴、青色・赤色のガラス・ビーズおよびメノウ製ビーズと土器があります。鉄器には茎付扇状斧、ソケット付掘棒刃先、木柄挿入用ソケット付斧などがあります（図8-3）。バンドンターペットとほぼ同じ頃と思われます。

　近年、インドから影響をうけた形をした鉄斧やナタが西タイでたくさん確認されており、西タイとインド鉄文化との関係を考慮する必要がでてきました。

(5) 北タイ

　ラムプンの南西3km、クワン川沿いにあるバン・ワンヒ遺跡（Ban Wang Hi）は北タイを代表する鉄器時代の墓葬です（Pautreau et al. 1997）。紀元前200～紀元200年と推定されるバン・ワンヒ遺跡の墓葬からは鉄器が普遍的に副葬されていました。成人、子供を問わず鉄器の副葬があり、大型槍先を頭のそばに副葬する成人、ミニチュアの鉄製品を納めた小形土器を副葬する子供など、鉄器が相当程度普及していた社会が北タイにも現われています。

(6) ラオス

　現状ではほとんど不明です。ヴィエンチャン北郊のラオパコ遺跡（Lao Pako）では、甕棺墓葬が検出されていますが、近辺から鉄製品（鏃、折り曲げられた長いナイフ、細いナイフ、など）が出土し、あわせて土製鞴羽口が出土しました（Källén et al.1999）。紀元後5世紀の墓葬とされますが、胴部が丸く、外表面に粘土によるアップリケ紋様で飾る甕棺の特徴は、東北タイ南東部、ウボンラーチャターニー郊外の甕棺墓葬の大集合墓地、カーンルアン遺跡（Karn

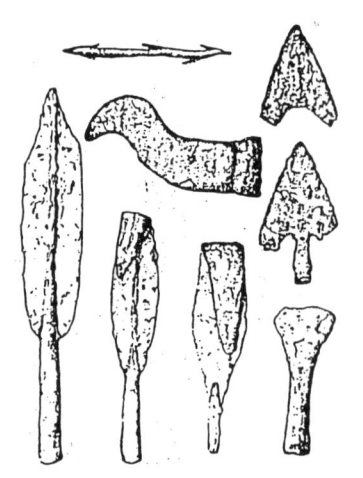

1．バンドンターペット遺跡出土の鉄器

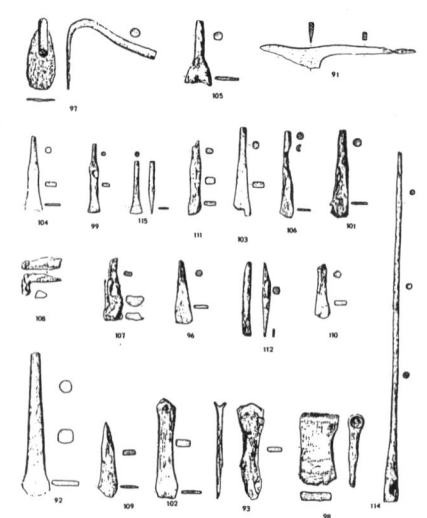

2．オンバー洞穴出土の鉄器
（Sørensen 1988,Pl.18,19）

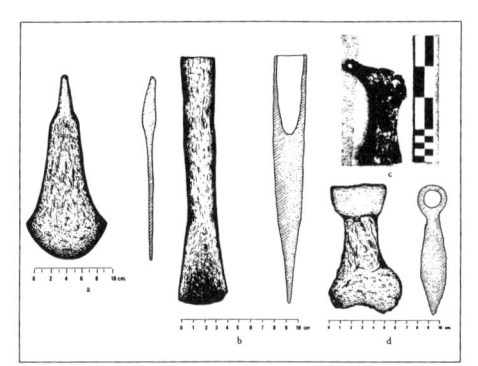

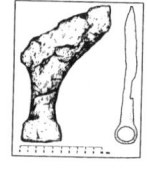

3．ノンクワン遺跡出土の鉄器（Kanjanajuntorn 2006,Fig.1212a-d,Fig.12-13）

図8　西タイの鉄器

Luang）の甕棺に似ており、もっと古い可能性があります。年代は再考の余地があります（新田 2004）。

　ラオス中部および南部からは1式銅鼓やベトナム南部に分布するタイプの銅戈がみられますので（新田 2006a）、紀元前後頃には鉄器文化が波及していたはずですが、現状では資料がありません。

北東部のシエンクワン県にあるジャール平原では、墓葬として置かれた大形石壺の下の地中から、骨壺や埋葬土坑が発見され、副葬品として鉄製ナイフなどが出土しています。

(7) カンボジア

現状ではほとんど不明です。アンコール遺跡群のあるシエムレアプ西方のスナイ遺跡（Snay）は周囲を水田で囲まれた低平地にある集落遺跡ですが、その縁辺部から紀元5世紀頃の伸展葬土壙墓が多数発見されました（新田 2000；O'Reilly et al.2001）。これらの墓からは直径1mm程度の微細なガラス・ビーズが大量に検出され、あわせて鉄器も副葬されています。盗掘により墓葬から出土した鉄斧と、採集した鉄滓の分析を行なった結果、含燐磁鉄鉱を原料とする鉄器で、硬い鋼と柔らかい鋼を使った鉄斧でした（新里 2006）。燐鉱石はスナイのさらに西方のバッタンバン地方に埋蔵されていますが、この鉄原料の由来は明らかではありません。

(8) ミャンマー

ミャンマーの先史考古学情報はほとんどありません。マンダレー南方のサモン川流域で金属器時代の墓葬の発掘が行なわれ、鉄器時代の墓も検出されています（Pautreau et al.2006）。イワディンゴン遺跡では150基以上の墓が発掘され、うち、AMS年代測定により紀元前400～紀元前200年とされた墓群では、鉄製鍬先、ナイフ、槍先などが副葬されていました（Moore 2007）。

(9) マレーシア、インドネシア、フィリピン

マレーシアの鉄器時代についてはベトナムやタイほどにはわかっていません。ペラ南部とスランゴール北部に分布する板石組み合わせ式石棺墓（slab grave）の副葬品として鉄器が出土します（川名 2001）。石棺墓の一般的な副葬品としては、ガラスやカーネリアンのビーズ、石製バーククロス・ビーター、青銅碗、鉄製品、土器です。出土する鉄器についてはジーヴェキングによる記述があります（Sieveking 1956）。長い柄のついた斧（tulang mawas）、木柄を挿入するソケットがついたナイフや鎌、ソケット付の槍先、茎付のナイフなどがある（図9-1）。これらの鉄器はバンドンターペット遺跡出土の鉄器と似ている部分があり、年代は紀元以後と思われます。

インドネシアでは中部ジャワ、ウォノサリ近くのグヌン・キドゥル（Gunung

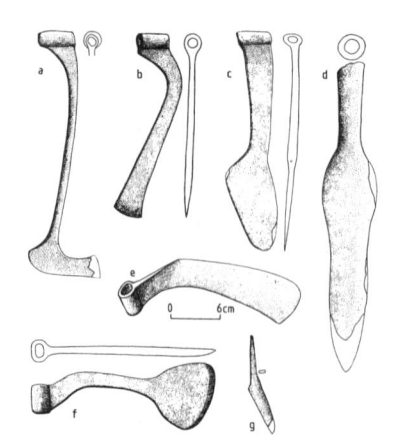

1. マレーシア半島出土の鉄器
（Bellwood 1997,Fig.9.9）

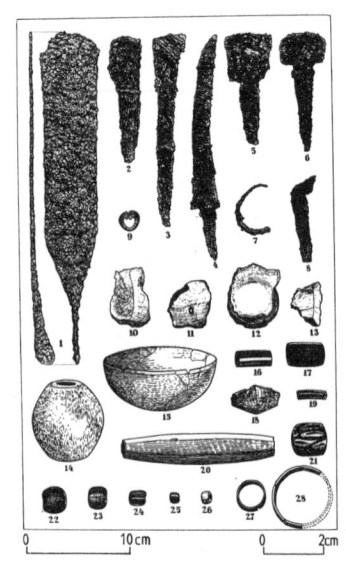

2. 中部ジャワ・グヌンキドゥル石棺墓副葬品
（Bellwood 1997,Fig.9.11）

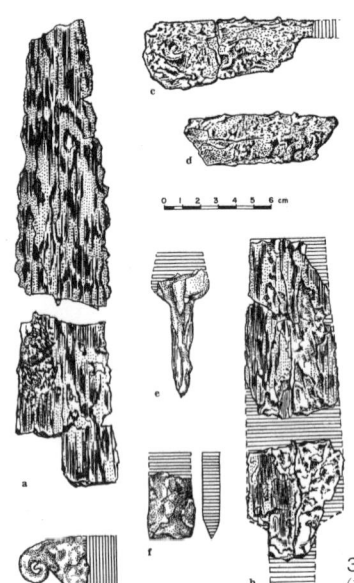

3. フィリピン・タドヨー洞穴出土の鉄器
（Fox 1970,Fig.47）

図9　マレーシア・インドネシア・フィリピン出土の鉄器

Kidul) 周辺で発見された板石組み合わせ石棺墓から副葬品として鉄器が出土しています (Bellwood 1997)。伸展葬の一次葬の墓葬に、茎付ナイフ、クリス、リングなどの鉄器が副葬され、そのほかに、ガラスや石製のビーズなどもあります (図9-2)。また、バリ西岸にある紀元前200〜紀元後300年の鉄器時代の甕棺墓葬群、ギリマヌック遺跡 (Gilimanuk) でも甕棺副葬品として茎付槍先、青銅柄のついたバイメタルの短剣が金製、ガラス製、カーネリアン製のビーズとともに出土しています (Sojoeno 1979)。

　鉄の出土ははるか東方のタラウド諸島 (Talaud) にまで広がっています。レアンブイダネ遺跡 (Leang Buidane) では青銅腕輪や斧および2枚あわせの銅斧鋳型などとともに鉄片が出土しています (新田1981；Bellwood 1997)。

　ディゾンによるとフィリピンで鉄器が出土した遺跡は31ヵ所にのぼります (Dizon 1988、Table140)。このなかには10世紀以降の新しい資料も含まれており、今回の話題に合致するような古いものは13遺跡です。フィリピンでも甕棺墓葬に伴って鉄製品が出土します。南部、パラワン島で発見された多数の二次葬甕棺墓の副葬品として鉄器があります (Fox 1970)。タボン洞穴群 (Tabon Caves) のうちのひとつ、タドヨー洞穴 (Tadyaw) では500以上の甕棺、甕棺蓋、小形土器が洞穴内に散乱していました。槍先、ナイフ、鑿があり、いずれも茎をもつタイプです (図9-3)。フォックスは紀元前200年頃から鉄器時代としますが、紀元後1千年紀前半と推定できます。

6　まとめ

　東南アジアでは紀元前500年頃から鉄が実用化されるといわれています。実際に出土遺物、製鉄遺跡を検討すると、鉄の実用化と普及化が始まるのは紀元前300年頃からです。製鉄は鉄鉱石、砂鉄、あるいは鉄ノジュールを原料とし、小形の円筒形シャフト炉による錬鉄生産でした。ベトナム北部には漢代の鉄製品輸入もなされましたが、ベトナム以外の東南アジアでは中国鉄の存在は明らかではありません。

　鉄の初現期には青銅に対する新しい金属素材として、おそらく鉄の持つ銀色が新たな装身具素材として魅力をもったために、装身具に加工されました。その後、鉄の普及に伴い、実生活用の道具の素材として、各種の鉄器が製作さ

れました。武器（大形槍先、剣、鏃）、工具（ナイフ、斧、鑿）、農具（掘棒刃先、鍬刃先、鎌、穂摘具）などです。鉄製武器の存在は戦が起きるような社会状況になったことを示します。

　東南アジアの鉄生産に大きな転機が訪れるのは、宋〜元初に急増する中国産鉄素材が輸入されるようになる14世紀です（新田2006b）。元代の書『諸番誌』が記すように、安価良質の中国鉄は東南アジア各地に輸入され、伝統的在来鉄生産に大きな影響を与えました。

註

1）　ECAFEが発行している各国別地下資源探査報告書は、*Mineral Resources of Thailand* をはじめとして、東南アジア各国の報告書が刊行されています。
2）　日立金属・清永欣吾博士による分析結果「タイ国出土の古代鉄滓の調査」（1988）（Unpublished）によります。
3）　国立歴史民俗博物館・田口勇教授の分析結果によります。バンスコーン採集の鉄ノジュールの分析は日鐵テクノリサーチによります。

参考文献

川名広文 2001「マラヤ鉄器時代の石棺墓」『物質文化』71

新里貴之 2006「カンボジア・スナイ村採集の鉄製品および鉄滓について」新田栄治編　『メコン流域における金属資源とその利用に関する考古学的研究』（科研報告書）、107-114、鹿児島大学法文学部

新田栄治 1981「東南アジア出土の青銅器鎔笵」『鹿児島大学史学科報告』30、49-67

新田栄治 1988「タイ東北地方における考古学調査」『東南アジア―歴史と文化―』17、158

新田栄治 1991「東南アジア考古学から見た先史産業と環境」『文明と環境』3、31-35、平成3年度文部省重点領域研究「地球環境の変動と文明の盛衰―新たな文明のパラダイムを求めて―」事務局

新田栄治 1996『タイの製鉄・製塩に関する民俗考古学的研究』（科研報告書）鹿児島大学教養部

新田栄治 2000「カンボジア平原居住史と先史時代集落の位置づけ―アンコール西方先史居住遺跡について―」『カンボジアの文化復興』7、115-123

新田栄治 2001「金属器の出現と首長制社会の成立へ」『岩波講座　東南アジア史』第1巻、83-112、岩波書店

新田栄治 2004 Book Review.: Lao Pako. *Asian Perspectives.* 42-1. 169-171.

新田栄治 2006a「ラオス発見のⅠ式銅鼓と銅鼓形石製品」新田栄治編『メコン流域における金属資源とその利用に関する考古学的研究』（科研報告書）鹿児島大学法文学部

新田栄治 2006b「南海貿易史料にみる南宋―元の東南アジアと塩鉄」小野正敏編『前近代の東アジア海域における唐物と南蛮物の交易とその意義』（科研報告書）、73-82、国立歴史民俗博物館

新田栄治編 2006『メコン流域における金属資源とその利用に関する考古学的研究』（科研報告書）鹿児島大学法文学部

新田栄治・Bui Chi Hoang・小林青樹・平野裕子・下道愛子 2005「東南アジア甕棺墓伝統の中でのフーチャイン遺跡の位置づけ」『第71回日本考古学協会研究発表要旨』日本考古学協会

Bao Tang Lich Su Viet Nam 1965 *Ngoi Mo Co Viet Khe.*（『ヴェトケ古墓』）、Bao Tang Lich Su Viet Nam. Ha Noi.

Bellwood, Peter 1997 *Prehistory of the Indo-Malaysian Archipelago.* Revised Ed. University of Hawaii Press, Honolulu..

Bui Chi Hoang 2003 Khu di tich Phu Chanh（Binh Duong）tu lieu va nhan thuc（ビンズン省フーチャイン遺跡の発掘）. *Mot so van de khao co hoc o mien nam Viet Nam.* 163-195. Nha xuat ban khoa hoc xa hoi. Ha Noi.

Colquhoun, A. R. 1885 Among the Shans. London.

Dizon, Eusebio Zamora 1988 *An Iron Age in the Phillippines?: A Critical Examination.* University Microfilms International, Ann Arbor.

Fox, Robert B. 1970 *The Tabon Caves: Archaeological Explorations and Excavations on Palawan Island, Philippines.* National Museum, Manila.

Glover, Ian, Pisit Charoenwongsa, B.Alvey and N. Kamnounket 1984 The Cemetery of Ban Don Tha Phet, Thailand: results from the 1980-1 season. In B. Allchinand

and M. Sidel eds. *South Asian Archaeology 1981*, 313-330. Cambridge University Press, Cambridge.

Gorman, Chester and Pisit Charoengwongsa 1976 Ban Chiang: a mosaic of the impressions from the first two years. *Expedition,* 8. 14-26.

Ha Van Tan ed 1999. *Khao Co Hoc Viet Nam. Tap II: Thoi Dai Kim Khi Viet Nam.* (『ベトナムの考古学：第２巻　鉄器時代』) Nha Xuat Ban Khoa Hoc Xa Hoi, Ha Noi.

Higham, Charles 1998 *Prehistory of Thailand from Early Settlement to Sukhothai.* River Books, Bangkok.

Higham, Charles 2002 *Early Cultures of Mainland Southeast Asia.* River Books, Bangkok.

Higham, Charles and Amphan Kijngam 1984 *Prehistoric Investigations in Northeastern Thailand, Part I.* BAR International Series 231(i), Oxford.

Hutchinson, E. W. 1934 The Lawa in Northern Siam. *Journal of the Siam Society,* 27, 153-482.

Janse, Olov R. T, 1958 *Archaeological Research in Indo-China, Vol.III.* St-Catherine Press, Bruges.

Källén, Anna and Anna Karlström 1999 *Lao Pako: A Late Prehistoric Site on the Nâm Ngum River in Laos.* BAR International Series, 777. Oxford.

Kanjanajunton, Podjanok 2006 Excavation at Nong Kwang, an Iron Age Site in Ratchaburi Province, West-Central Thailand. In Bacus, Elizabeth, Ian Glover and Vincent C. Piggot eds. *Uncovering Southeast Asia's Past.* 116-127. NUS Press, Singapore.

Lam My Dung, Nguyen Chieu and Hoang Anh Tuan 2001 Khai Quat Go Dua Nam 1999 (1999年のゴーズア遺跡の発掘), *Khao Co Hoc,* 2001-1, 68-80.

Luu Tran Tieu 1977 *Khu Mo Co Chau Can.* (『チャウカン古墓』) Ha Noi.

Moore, Elizabeth H. 2007 *Early Landscape of Myanmar*.River Books, Bangkok.

Mouhot, Henri 1989 Travels in the Central Parts of Indo-China (Siam), Cambodia and Laos. Oxford University Press. (Reprint. Originally published in 1864)

Nitta, Eiji 1991 Archaeological Study on the Ancient Iron-smelting and Salt-making

Industries in the Northeast of Thailand.『東南アジア考古学会会報』11 号、1-46.

Nitta, Eiji 1992 Ancient Industries, Ecosystem and Environment.『鹿児島大学史学科報告』39、61-80

O'Reilly, Dougard J. W. and Pheng Sytha 2001 Recent Excavations in Northwest Cambodia. *Antiquity*, 75, 265-266.

Pautreau, Jean-Pierre, A. Matringhem and P. Mornais 1997 Excavations at Ban Wang Hi, Lamphun Province. Thailand. *Journal of the Siam Society*, 85, 161-172.

Pautreau, Jean-Pierre, Anne-Sophie Coupey, Patricia Mornais et Aung Aung Kyaw 2006 Tombes des Ages du Bronze et du Fer dans le Bassin de la Samon. In Bacus, Elizabeth, Ian Glover and Vincent C.Piggot eds. *Uncovering Southeast Asia's Past.* 128-136. NUS Press, Singapore.

Pham Quoc Quan and Trinh Can 1982 Khu Mo Thuyen Xuan La.（スアンラ舟棺墓）*Khao Co Hoc*, 44, 36-50.

Piggot, Vincent C. and A.R.Marder 1984 Prehistoric Iron in Southeast Asia :: New Evidence from Northeast Thailand. In D.Bayard ed. *Southeast Asian Archaeology at the XV Pacific Science Congress.* University of Otago Studies in Prehistoric Anthropology, Vo.16, 278-301. Dunedine.

Sieveking, G. de G. 1956 The Iron Age Collection of Malaya. *Journal of Malayan Branch Royal Asiatic Society*, 29-2, 79-138.

Sojoeno, R. P. 1979 The Significance of the Excavations at Gilimanuk（Bali）. In R. B. Smith and W. Watson eds. *Early South East Asia.* Oxford University Press, New York.

Sørensen, Per ed. 1988 *Archaeological Excavations in Thailand: Surface finds and minor excavations.* Scandinavian Institue of Asian Studies Occasional Paper No.1. Curzon Press, London.

Suchitta, Pornchai 1984 *The History and Development of Iron Smelting Technology in Thailand.* University Microfilms International, Ann Arbor.

Trinh Sinh and Ngo Sy Hong 1980 Vai Nhan Xet Ve Lang Ca（Vinh Phu）（ヴィンフー省ランカー遺跡についての考察）. *Khao Co Hoc*, 36, 19-30.

White, Joyce C. 1982 *Ban Chiang : Discovery of a Lost Bronze Age.* The University

Museum Univerity of Pennsylvania.

Wichakana, M. 1991 Prehistoric Sacrifices at Noen U-Loke. *Muang Boran Journal,* 16. 69-79.

Workman, D. R. 1973 *Mineral Resources of the Lower Mekong Basin and Adjacent Areas of Khmer Republic, Laos, Thailand and Republic of Viet-Nam.* Mineral Resources Development series No.39. United Nations. Bangkok.

Yamagata, Mariko 2006 Inland Sa Huynh Culture along the Thu Bong River Valley in Central Vietnam. In Bacus, Elizabeth, Ian Glover and Vincent C. Piggot eds. *Uncovering Southeast Asia's Past.* 168-183. NUS Press, Singapore.

Yamagata, Mariko, Pham Duc Manh and Bui Chi Hoang 2001 Western Han Bronze Mirrors recently discovered in Central and Southern Vietnam. *Bulletin of the Indo-Pacific Prehistory Association,* 21, 99-106.

基調講演

日本における古代鉄文化

広島大学大学院文学研究科

野 島　永

1　初期の舶載鉄器の様相と実年代

(1)　理化学的分析の進展と ^{14}C 年代測定法

　今日、日本考古学において、理化学的研究の成果によってもたらされる知見は、ますますその信憑性を増してきていると思います。特に年輪の幅とその増減のパターンを読み取る年輪年代法（光谷編 2000）や、放射性炭素の壊変の原理を利用した ^{14}C 年代測定法（中村・中井 1988）が注目されてきたわけです。 ^{14}C 年代測定法も加速器による質量計測（A.M.S. 法）によって、わずかな炭素試料でも分析精度が保証され、飛躍的進化が図られるようになってきました。これにより国立歴史民俗博物館の研究グループ（今村峯雄代表）では、弥生時代の出土遺物に付着したわずかな炭素を利用して、おおよその推測とは異なる意外とも思えるほど古い弥生時代の開始年代を割り出しました（春成・藤尾・今村・坂本 2003）。研究グループによると、弥生時代早期が紀元前 10 世紀にまで遡るようです（金関ほか 2004；設楽 2004）。中国では春秋時代を越え、西周時代に併行することとなります。近年では弥生時代中期初頭が紀元前 4 世紀にまで遡ることも指摘されています（春成・今村 2004；藤尾・今村 2006；藤尾 2007 ほか）。

(2)　初期の舶載鉄器と実年代

　このような研究の結果、弥生時代の鉄器の出現に関してひとつの矛盾が浮かび上がってきました。いままで、福岡県曲り田遺跡の鉄片（橋口編 1984）、あるいは熊本県斎藤山遺跡の鋳造鉄斧（乙益 1972）などが最も古い時期（弥生時代早期〜前期前半）に日本列島に舶載されたものであるとされてきました[1]。

今回の国立歴史民俗博物館の研究グループの計測結果をもとに弥生時代の開始時期が西周時代に併行するとすれば、中国東北部における鋳造鉄器の普及よりもかなり以前に、日本列島において鉄器が出現していたということになってしまいます。

このため、再度弥生時代早期から前期中葉前後に属すると考えられる鉄器を確認してみましたところ、弥生時代における全鉄器出土量が数十倍に増加した現在でも新たな類例が見出せません。春成秀爾氏のように、弥生時代早期から前期前半における舶載鉄器の存在を否定する意見も出ざるを得ない状況ともいえましょう（春成 2003・2006）[2]。

ただし、鉄器の出現を中期以降とする春成氏の意見もありますが、前期末葉に遡る可能性のある鉄器は、京都府扇谷遺跡（田中ほか 1984）、広島県中山貝塚（川越 1993）、愛媛県大久保遺跡（柴田・田本 2000）、山口県綾羅木郷遺跡（伊藤編 1981）、山口県山の神遺跡（富士埜 1992）、福岡県下稗田遺跡（長嶺・末永 1985）、福岡県一ノ口遺跡（柏原・速水 1991）などからの出土例にあるわけです。未報告のものや共伴土器が掲載されていない報告書もあり、厳密な時期を検証するにはまだ不明瞭な部分が多くあります。これらの出土例は京都府丹後半島から九州北部周辺にまで分布しているのですが、九州北部中枢域では出土していません。ですから、九州北部中枢域とそれ以東の地域における前期末葉の時期の併行関係に問題があるのかもしれません。いずれにせよ、出土例すべてが前期末葉に遡らない鉄器、つまり前期末葉の土器とは共伴しないと断定してしまうのはやや早急といえます。現状では、このような鋳造鉄器片の舶載が本格的に開始された時期は弥生時代前期末葉あるいは中期前葉と考えるのが妥当でしょう。中期初頭の段階では、中国戦国時代後半期の二条突帯斧や踏鋤などの鋳造鉄製農具が輸入され、破片となってもその一辺を研ぎなおして再利用していたようです。綾羅木郷遺跡の前期とされる鉇（図1）や中期前葉の板状鉄斧など

図1　綾羅木郷遺跡出土鋳造鉄器破片
　　　（下関市立考古博物館提供）

鍛造鉄器と報告されたものでも、鋳造鉄器の破片である可能性が高く、この段階の鉄製品の多くが戦国時代の鋳造鉄器の破片を再加工したものであることがわかってきました（図2）（野島 1992・2008；村上 1998a）。弥生時代中期前半には戦国時代後半期、中国東北地域

図2　中山貝塚出土鉄器片 CT スキャン画像
（広島大学考古学研究室所蔵）

（河北・遼寧・燕）を故地とする定型化した二条突帯斧〔Ⅰ式二条突帯斧（村上 1988）、Aa-1 型式鋳造鉄斧（川越 1993）〕が舶載鋳造鉄器の代表格となります。

二条突帯斧が確実に出現する弥生時代中期前半の時期が少なくとも戦国時代末期にまで遡る可能性は高いといえます。今までは前漢代併行期とされる弥生時代中期前半にいわゆる戦国（燕）系鋳造鉄器が出土すると考えられてきましたが、燕における生産から倭への舶載までの時間の遅延は著しく短くなるといってよいでしょう[3]。

(3)　**鋳造鉄器破片の分割加工による再利用**

さて、中期前半の段階では、鋳造鉄斧を中心とした舶載鋳造鉄器の破片の出土例は、九州北部福岡市近辺よりも福岡県筑紫野市・小郡市・朝倉市などといった周辺域に分布する傾向があります（村上 1998a）（図3）。福岡県小郡市西島遺跡（宮田 1996）や同市若山遺跡（速水編 1994）などからは、完形の鋳造鉄斧も出土しています。完形鋳造鉄斧の舶載とその搬入、さらには分割加工が盛んに行なわれていたことを示しています。研磨を加えて丁寧に加工されたものも出土しており、弥生時代中期を通して鋳造鉄斧は木柄をつけた手斧として実用され、破損した後にも木工具などの鉄刃として再利用されたのです。中期後葉にはこれら鋳造鉄器破片の流通範囲は縮小します。威信財[4]のようにその所有や贈与によって社会的地位が高揚されるということはなかったのでしょう。血縁関係や地域的集団間の贈与交換によって再分配されただけではなく、市場によって拡散したものと考えることもできます。

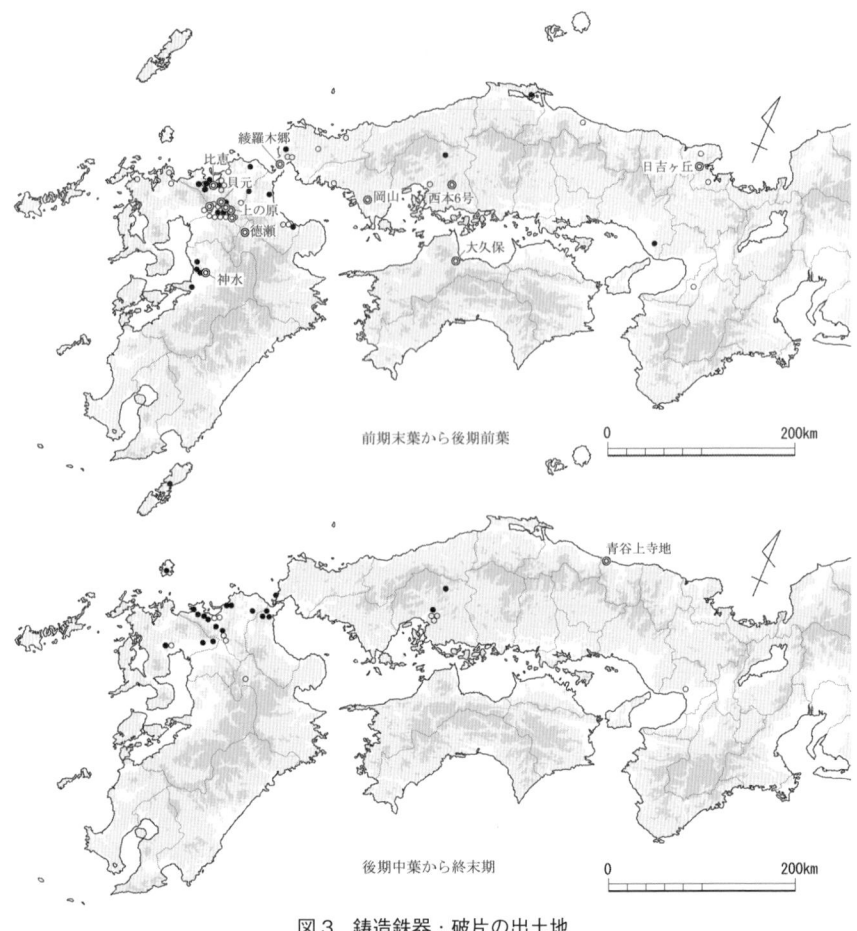

図3 鋳造鉄器・破片の出土地

2 弥生時代における鉄器の普及と首長の経済基盤

(1) 九州の状況

　九州北部では中期後葉になると、鉇や鉄鏃などの鍛造鉄器がいち早く普及します。首長層の管理した鍛冶工房では大形鉄器の製作を行なうことができる鍛冶技術を獲得したようです。この段階ですでに明瞭な掘形をもち、防湿構造のある鍛冶炉（村上2000）がみられるようになります。

後期中葉以降、鉇や鉄鏃の地域性が明確になってきます（野島 1993）。九州北部にみられる鉇は身に沿った湾曲を作り出しており、熟練した加工技術が必要となります。鉄素材の供給量からみても九州北部の一般集落の鍛冶技術はほかの地域よりも高度なものとなっていたことは容易に推測することができます。袋状鉄斧や鉄鎌、鋤・鍬先などといった鉄製農工具の出土数量も極端に増加します。九州北部では灌漑農耕の導入による拡大再生産と人口増加が起因となって近隣集団間の戦闘が激化することから（橋口 1999）、可耕地拡大のためにも独自の鉄刃農具（川越 1983）を作り出すにいたったとみることができます。
　九州北部とは異なる地域的まとまりがみられた九州中部や東部でも、集落内に鍛冶工房の存在が推定されています（村上 1998b）。各集落において独自に鉄器加工を行なって地域集団内に供給したために小地域的な形態差が認められるようになりました。交易・流通範囲の矮小化とも関連しており、専ら自給生産が行なわれていたと考えられます。首長がその物流に介在して独占する財ではなかったといえましょう。
　図４では九州から中国地方において鉄器出土例の集中する地域ごとに、弥生

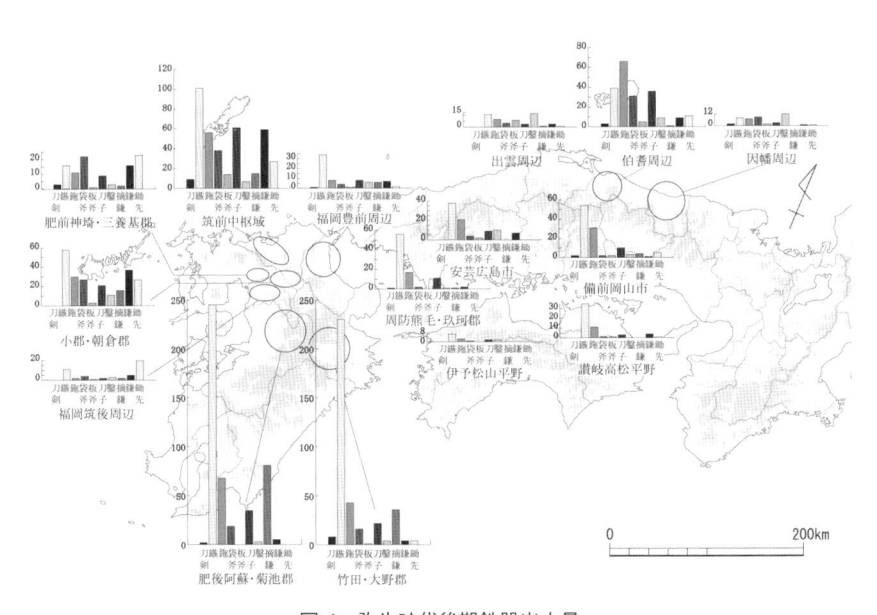

図４　弥生時代後期鉄器出土量

時代後期中葉から終末期の集落遺跡出土鉄器数を集計しました[5]。筑前中枢域では住居跡検出総数は少ないものの、最も多くの種類の鉄器をもっています。鉄製穂摘具や鉄鎌、鋤・鍬先などの鉄刃農耕具も普遍的に出土しています。朝鮮半島にもみられない鉄製鋤・鍬先や鉄製摘鎌、各種形態の鉄鎌などを作りだし、各住居単位での保管が可能になるまで普及していたとすることができます。肥後阿蘇・菊池両郡と豊後大野川上流域竹田市・大野郡の両地域ではともに鉇と鉄鏃、摘鎌の出土例が圧倒的に多く、鋤・鍬先はあまり出土していません。筑前中枢域とは異なり、水田可耕地の土地開発への欲求が高くなかったからでしょうか。

(2) **日本海沿岸地域の状況**

　弥生時代中期の丹後地域では、水晶や碧玉、緑色凝灰岩を素材とした勾玉や管玉、小玉などの製作を開始していました。京都府北部の京丹後市奈具岡遺跡（河野・野島 1997）などで作られた玉製品は丹後地域のなかで消費されたわけではありませんでした。その大部分が贈答用の装身具として特別に生産されたものであったと考えることができます。前漢で生産された鉄素材（鋳鉄脱炭鋼）（大澤 1997）が出土したことから、海上交易によって日本列島では得られない鉄資源を入手していたことがわかります。この鉄素材をうまく加工して玉生産に利用し始めました（図5）（野島・河野 2001）。

　後期には、日本海沿岸各地域の首長達は貴重財を原料とした手工業生産の管理を行なうことによって経済的な特権を獲得し、潟湖を拠点とした海上交流を通して大陸や北部九州との交易に成功しました。結果、瀬戸内海や近畿地方よりも鉄製武器や工具の出土量が上回ることとなります（図6）。首長達は、はるか海外からもたらされた鉄製刀剣（豊島 2004）やガラス製品を入手しました。独自に発達した巨大な方形墳丘墓では、墓壙規模に比例して鉄製武器などが副葬品として埋納されるようになり、墳墓の造営が社会の階層化に応じて変容し始めることとなりました（野島・野々口 1999・2000）。葬送儀礼によってエリート層の威信が再生産され、社会的地位の世襲が恒常化する社会へと展開しました。

　首長達は農業生産のための可耕地拡大や必需物資の安定的供給に腐心するよりも、精巧な玉製品や高級木製品などの手工業生産の管理と、長距離交易に

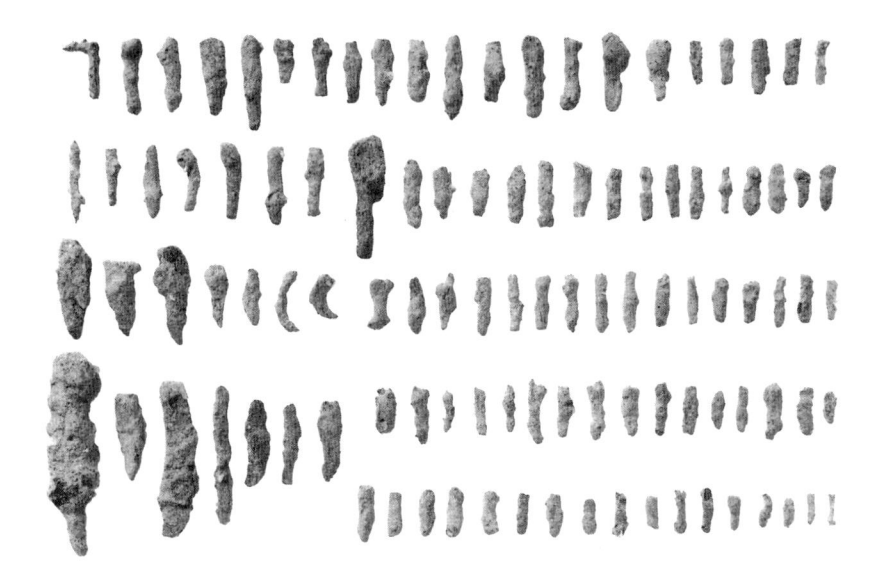

図5　奈具岡遺跡出土玉作用鉄製工具（京都府埋蔵文化財調査研究センター提供）

よって得られた外界からの貴重な財の分配[6]を通して彼らの政治的権力の伸長を図ることができたのです。

(3) **首長制社会の2つの経済基盤**

　G.チャイルドは複雑化した社会の結果として都市革命（The Urban Rebolution）の特徴的基準（1950）を示していますが、そのなかでも灌漑による食料の恒常的余剰を経済基盤とした首長層に支援されたフル・タイムのクラフト・スペシャリゼーション（特に金属工芸）の重要性を指摘しました。今日では専業的工人およびその組織については、新石器時代にはすでにみられ、多様で変化に富んだ様態が明らかとなっています。チャイルドが強調した実用的な消費財の生産だけでなく、貴重で高価な威信財を生産する専業的工人の研究も進みました。専業的工人の出現は、生活に欠かせない農業生産から一部の人々を離脱させ、文化的・政治的な活動を行なう特定の階層を成長させることにもなり、より複雑な社会システムへと変容していく原動力として理解されることも少なくありません（Evance 1978）。個別家族や単位集団の生産活動を超えて専業化した手工業生産が首長制社会の指標のひとつともなり（Peebles and Kus 1977）、

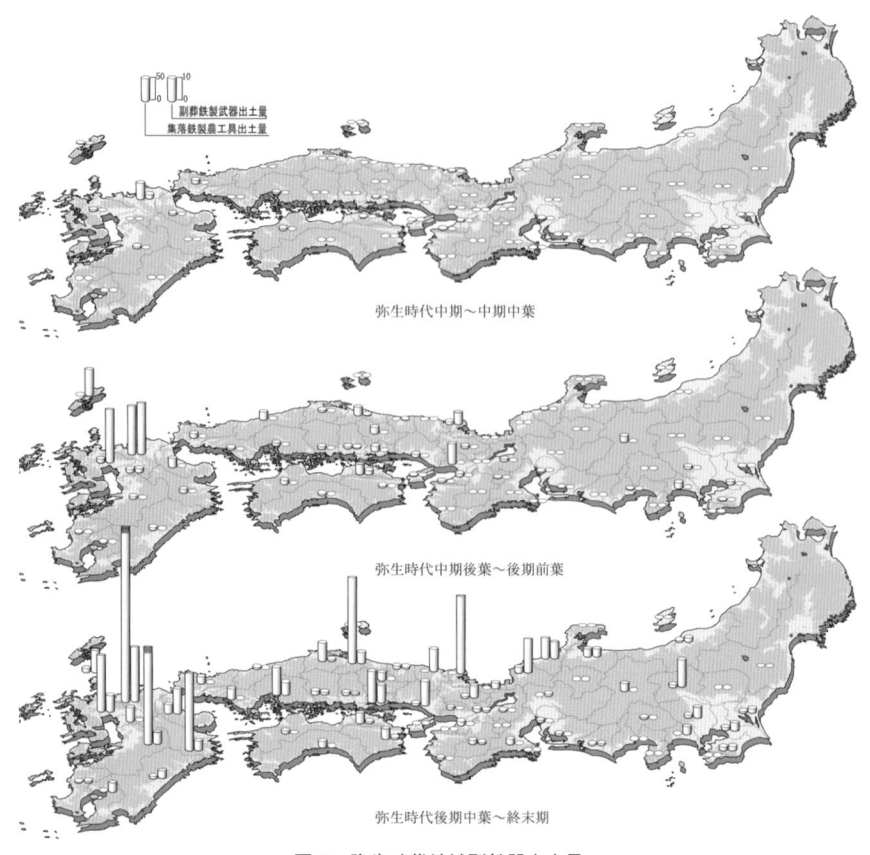

図6　弥生時代地域別鉄器出土量

首長による政治的権力伸長のための直接的な経済活動として理解されることもあります（Peregrine 1991 ほか）。

　E. ブラムフェルと T. アールらは専業的工人とその組織の存立形態には多様性があることを指摘しており、製作者の所属、製作される物の性格、専業化の度合い、生産工房の規模や生産量などといった指標を挙げています（Brumfiel and Earle 1987）。とくに専業的工人が独立して存在する場合と、首長層や中央政権などに付属して存在する場合の社会進化の方向性の差異を強調しています。

　例えば、首長などに従属しない比較的独立した工人であれば、社会的な要

請によって生産物を製作するため、より広い階層から要求される必需品を生産する場合が多くなります。人口の増加や人口密度の上昇、市場の発展によって発生する経済活動と考えられます。日常的に消費される必需品の生産が拡大するにつれ首長層の介入は強制力でもない限り、一部にとどまらざるを得なくなります。首長による独占的な流通管理の可能な範囲は相対的に狭く限られてしまい、首長層による管理機構は多極化の方向に進むこととなります（必需品財政：Staple Finance）[7]。

　一方で、首長層に従属した専業的工人は食料品や必需品などの生活消費財を供給されることとなるかわりに、彼ら高位者の要求に従って限定された特殊な貴重品の製作を行なう傾向が強くなります。首長は威信財を含む貴重品の生産から流通の管理にまであたることとなり、彼らの経済的権力を伸長させることにつながります（貴重品財政：Wealth Finance）（D'altroy and Earle 1985）。また、首長に付属する専業化したフル・タイムの手工業生産と、社会の階層化や政治的統合との間には相関関係があることが民族例からも推察されています（Clark and Parry 1990）。

　九州北部では、遠方からもたらされた鋳造鉄器を威信財としては利用せず、あくまで工具として地域社会に再分配する経済構造を形成しました。中期後葉から後期にいたるまで、一般的な竪穴式住居においても鉄製農工具が普遍的に使用されていたようですが、これも首長層の管理する流通に関わるものではなく、必需品として近隣地域間の互酬的交易や日常的な市場を介して入手されていたものと考えることができます（Hirth 1998）。日常的な消費財の流通を複数の地域首長によって穏やかに管理する多極的構造をもつ必需品財政を想定することができます。

　一方で、弥生時代中期以降、貴重な装身具などを交易資源とした日本海側沿岸諸地域の海上交流がはじまります。長距離交易によって入手した貴重品を威信財として配下に供与し、地域社会を階層的に分化させることにほぼ成功しており、貴重品財政を経済基盤としてもっていたといえます。

　九州北部と日本海沿岸地域では、首長の管轄する経済活動が一律に同様なものではなかったことが鉄器普及に関する地域差を生み出す結果ともなりました。日常生産具としての鉄器の大量流通はむしろ九州北部の首長達の物資生産

と流通管理能力を低減させしめたものとみられます。

3　初期国家形成過程における鉄器文化

　古墳時代前期には神秘的な宗教的奥義（Helms 1976）とともに幾多の三角縁神獣鏡や鉄製刀剣類がもたらされました。対外的な流通を制御・監督する専門的機構や長距離交易に供する交換財の生産組織が作り出されたのでしょう。遠隔地との政治的威信関係を維持発展させる贈与交換によって各種鉄器の分配が広く開始された時期でもありました。威信財の贈与・貢納・下賜といった政治的な上下関係を取り結ぶための流通管理が権力資源となったわけです（Brumfiel and Earle 1987：福永 1999）。穀物などとは異なり、長距離の輸送にそれほどコストのかからない威信財の流通を経済基盤としているため、特定の地域に財を集中させることが容易となります。よって必需品財政よりも政治的基盤の中心化が著しくなるわけです（Brumfiel and Earle 1987）。

　鉄製刀剣など威信財鉄器の獲得とその贈与は大和首長の権限を拡大させ、その広範な流通によって地域連合の形成を可能としました（野島 2004）。鉄製刀剣が大和地域の前期古墳に集中することから、その入手と保管をほぼ独占していたことがわかります（図7）。鉄製刀剣の流通が首長間の上下関係や同盟関係を取り結ぶ手段として利用された実態をみることもできます（豊島 2007）。送風装置を使って高温を維持しつつ鍛打作業を行なう鍛冶技術が向上し、鉄製刀剣や武器が製作できるようになると、エキゾチックな舶載鉄器の流通管理からドメスティックな鉄器の専業的生産・保管・流通管理へと政策の重点が移行して行き、萌芽的な官僚機構がより複雑化する契機をもたらしました。

　取り扱う威信財の種類は異なるものの、このような経済基盤は弥生時代後期の日本海沿岸地域で行なわれた貴重品財政の延長線上にあったといってよいでしょう[8]。中国大陸における商品経済から遠くはなれた地域であったがために、対外的な市場と市場管理のための公的強力（軍隊）の形成が遅れることとなりました（Kipp and Schortman 1989）。このため貴重品財政の肥大化が引き起こり、前方後円墳の造営がさらに拡大しつつ、巨大モニュメントを重視した社会が継続します。

　しかし、古墳時代中期には百済や加耶からの要請により、対外的軍事行動

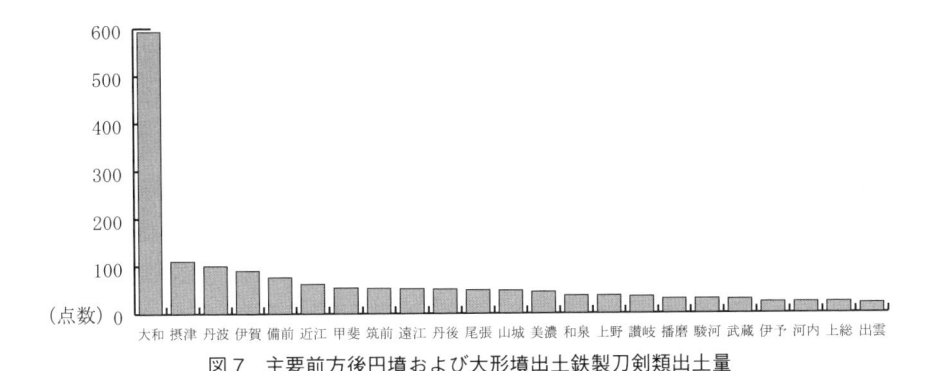

図7 主要前方後円墳および大形墳出土鉄製刀剣類出土量

が始まります。これを契機に戦時組織の構成員となった地域首長への対価返済という形で鉄鋌がもたらされました。それぞれの地域社会では鉄鋌を介して再分配構造が重層化するにいたりました。朝鮮半島南部の鉄鋌は、使用価値の残像を一部に残した板状鉄斧から脱却し、交換価値（スミス 1978）の向上とともに国際的「貨幣」として再登場してきます（村上 1983）。朝鮮半島南部から日本列島にいたる流通圏を確立し、彼我の対外的物資の交換領域を一気におし広げる経済的変革をもたらしました。このような国際的貨幣の流通は内外において必需物資の価値尺度を浸透させ、等価交換を行なうことができる市場の形成を促しました。大和首長とその親族氏族を中核とした畿内政権と擬制的同祖同族関係による首長連合（近藤 1983）を政治的権力構造の根源としてきた古墳時代中期の政体にとってはゆゆしき事態であったとせねばなりません。こののち、鉄製甲冑など武具の製作技術の発展は公的権力の実現に一役買ったといえます。古墳時代後期後半には列島各地において鉄製武器、武具、馬具までもが生産されます。さらには吉備地域において鉄資源の開発が進み、初期国家の成熟を迎えることになります。鉄生産の開始は軍団の成長とともに搾取関係を恒常化させはじめる予兆ともいえるわけです。

　九州北部の弥生時代中期社会は戦争進化モデル（Carneiro 1979；松木 1996）によって発展しましたが、後期社会では必需品財政をその経済基盤としたとみることができます。一方で日本海沿岸地域のクラフト・スペシャリゼーションと墳丘墓の造営開始から畿内中枢部を中心とした前方後円墳体制（都出 1993）の成立期を、威信財の長距離交易経済の発展の軌跡としてみれば、威信財の革

新と飛躍的な規模の拡大を行ないつつも同様の経済基盤を共有していたものと認識できます。日本の初期鉄文化はこの２つの経済基盤によって育まれ、初期国家の成熟後、新たな経済構造へと変革する時期に鉄生産が導入されたものといえます。

註

1） 今川遺跡など後期の鉄器の混入と考えられるものや鉄器錆と誤認されたもの、出土位置が曖昧なものは除きます（春成 2003）。

2） 近年では、福岡市教育委員会の調査したＪＲ筑肥線複線化地内遺跡Ｂ区SD01から２cm前後の棒状鉄器が出土しています。板付Ⅱ式土器と確実に共伴したそうです（池田・久住 2000）が、このような小さなものであれば、混入の可能性を否定することは難しいでしょう。また、小郡市三沢北中尾遺跡では７号住居跡（弥生時代前期末葉）や98号土壙（前期後半）などから鉄製品が出土していますが、混入の可能性が指摘されています（杉本 2002）。弥生時代前期とされてきた鉄滓でも現在確実視できる資料は今のところ確認できていません。

3） 中期初頭前後のⅠ式（Aa-1型式）二条突帯斧として、北九州市中伏遺跡Ⅰ-18号土坑（山口 1992）、下関市綾羅木郷FⅡ地区L.N.13（伊東編 1981）に出土例があります。白井克也氏は弥生時代中期、前漢時代併行期に戦国時代の鋳造鉄器が舶載されることに疑義をもっておられたようです（白井 1996）。九州北部で出土する戦国系鋳造鉄斧は燕滅亡後の衛氏朝鮮によって受け継がれた鋳造技術によるものとしました。従来の併行年代の枠組みを見直せば、最も新しいⅠ式（Aa-1型式）二条突帯斧の舶載時期を前漢成立からそれほど隔たらない時期に求めることが可能となります。村上恭通氏も燕の鉄器生産の隆盛が長城外の地域に大きな影響を与えた時期を紀元前３世紀に求めています（村上 2003）。ただし、発掘調査によって経験したことからいえば、弥生時代中期の集落遺跡における竪穴式住居の存続時期が長くなりすぎるきらいがあります（高倉 2003）。

4） 鉄の武器は威信を示す財「威信財」（prestige goods）として扱われる場合が多いといえます。威信財には耐久性があり、消費されることなく社会関係のともなう贈与交換および貢納・下賜によって流通するものとされますが、蓄積

される傾向もあります。首長層や年長者などにその所有が限定され、特別な負債において慣習的な支払い手段として利用されることから、地域間を越えた下位首長に対する上位首長の、あるいはリニィジ内の年少者に対する年長者の権威や威信が維持される効果を及ぼします。互酬的な贈与関係があれば、婚資同様に同盟や協力関係を維持することとなります。破壊や埋葬といった行為によってその総量が周期的に調節される性格を持ちます（Meillassoux 1978；田口 1979）。

5）　住居に遺棄された鉄器出土数に比例して、鉄器普及が進んでいるということを前提としておきます。

6）　丹後地域の墳墓から出土するガラス小玉は発色がほとんど同じものが大半を占めます。上位首長層が一括して輸入し、下位首長や構成員に分配することによって拡散した可能性が高いと考えられます（荒平 2005）。

7）　大阪大学の福永伸哉氏は丹後半島における弥生後期の社会を「貴重品財政」と想定しました。筆者もこれに賛同しています。なお、「必需品財政」・「貴重品財政」の訳語についても、福永 2004 の文献に拠ります。

8）　H. クラッセンらも複雑化した首長制社会における首長の維持する経済基盤と初期国家のそれの間には共通点が多いことを指摘しています。彼らの研究からは（長距離）交易が初期国家の主要な経済活動であることが窺えます（Claessen 1978；Claessen and Van de Velde 1991）。

引用・参考文献

東　潮 1999『古代東アジアの鉄と倭』渓水社

荒平　悠 2005『弥生時代におけるガラス小玉の研究』平成 17 年度広島大学文学部提出卒業論文

池田祐司・久住猛雄 2000『ＪＲ筑肥線複線化地内遺跡埋蔵文化財調査報告書』福岡市埋蔵文化財調査報告書第 654 集、福岡市教育委員会

伊東照雄編 1981『綾羅木郷遺跡発掘調査報告』第Ｉ集、下関市教育委員会

井上裕弘 1990『朝倉郡朝倉町所在上の原遺跡の調査』Ｉ、九州横断自動車道関係埋蔵文化財調査報告書 XVIII、福岡県教育委員会

大澤正己 1997「奈具岡遺跡出土鉄製品・鉄片（切片）の金属学的調査」『京都府

遺跡調査概報』第 76 冊、㈶京都府埋蔵文化財調査研究センター

大澤正己 2000「弥生時代の初期鉄器〈可鍛鋳鉄製品〉—金属学的調査からのアプローチ—」『たたら研究会創立 40 周年記念製鉄史論文集』たたら研究会

乙益重隆 1972「熊本県斎藤山遺跡」日本考古学協会編『日本農耕文化の生成』東京堂出版

柏原孝俊・速水信也 1991『一ノ口遺跡 I 地点』小郡市文化財調査報告書第 86 集、小郡市教育委員会

金関 恕ほか 2004『弥生時代のはじまり』季刊考古学第 88 号、雄山閣出版

川越哲志 1983「弥生時代の鉄刃農耕具」『日本製鉄史論集』たたら研究会創立 25 周年記念論文集

川越哲志 1993『弥生時代の鉄器文化』雄山閣出版

河野一隆・野島 永 1997「丹後国営農地開発事業(東部・西部地区)関係遺跡 平成 8 年度発掘調査概要奈具岡遺跡(第 7・8 次)」『京都府遺跡調査概報』第 76 冊、㈶京都府埋蔵文化財調査研究センター

近藤義郎 1983『前方後円墳の時代』岩波書店

設楽博己 2004「AMS 炭素年代測定による弥生時代の開始年代をめぐって」『歴史研究の最前線』Vol.1、吉川弘文館

柴田昌児・田本克彦 2000「大久保遺跡」『愛比売』平成 11 年度年報、㈶愛媛県埋蔵文化財センター

白井克也 1996「比恵遺跡をめぐる国際環境—燕、衛氏朝鮮、真番郡、楽浪郡、韓—」『比恵遺跡群—第 51 次調査報告—』21、福岡市埋蔵文化財調査報告書第 452 集、福岡市教育委員会

杉本岳史 2002『三沢北中尾遺跡 1 地点』小郡市文化財調査報告書第 169 集、小郡市教育委員会

スミス、アダム 1978「貨幣の起源と使用について」『国富論』 I、中央文庫(大河内一男監訳)

田口富久治 1979「「未開社会」における経済と支配」『マルクス主義国家論の新展開』青木書店

田中光浩ほか 1984『扇谷遺跡発掘調査報告書』峰山町文化財調査報告第 10 集、峰山町教育委員会

豊島直博 2004「弥生時代における鉄剣の流通と把の地域性」『考古学雑誌』第 88 巻第 2 号
豊島直博 2007「古墳時代前期の刀装具」『考古学研究』第 54 巻第 1 号
高倉洋彰 2003「弥生文化開始期の新たな年代観をめぐって」『考古学ジャーナル』No. 510、ニュー・サイエンス社
都出比呂志 1993「前方後円墳体制と民族形成」『待兼山論叢』第 27 号、大阪大学文学部
中村俊夫・中井信之 1988「放射性炭素年代測定法の基礎―加速器質量分析法に重点をおいて」『地質学論集』No.29.
長嶺正秀・末永弥義編 1985『下稗田遺跡』行橋市文化財調査報告書第 17 集、行橋市教育委員会
野島　永 1992「破砕した鋳造鉄斧」『たたら研究』第 32・33 号、たたら研究会
野島　永 1993「弥生時代鉄器の地域性―鉄鏃・鉇を中心として―」『考古論集 潮見浩先生退官記念論文集』広島大学文学部考古学研究室
野島　永 1997「弥生・古墳時代の鉄器生産の一様相」『たたら研究』第 38 号。
野島　永 2000「鉄器からみた諸変革―初期国家形成期における鉄器流通の様相―」『国家形成過程の諸変革』考古学研究会
野島　永 2001「弥生時代における鉄器の交易―鋳造鉄斧と素環頭鉄刀―」『弥生時代の交易―モノの動きとその担い手―』第 49 回埋蔵文化財研究集会発表要旨集、埋蔵文化財研究会
野島　永 2004「弥生時代後期から古墳時代初頭における鉄製武器をめぐって」『考古論集 河瀬正利先生退官記念論文集』広島大学大学院文学研究科文化財学研究室
野島　永 2008「弥生時代の初期鉄器」『弥生時代における初期鉄器の舶載時期とその流通構造の解明』平成 17 〜 19 年度科学研究費補助金基盤研究(C)研究成果報告書
野島　永 2009a『初期国家形成過程の鉄器文化』雄山閣
野島　永 2009b「鉄器の生産と流通」『弥生社会のハードウェア』弥生時代の考古学 6、同成社
野島　永・河野一隆 2001「玉と鉄―弥生時代玉作り技術と交易―」『古代文化』

第 53 巻第 4 号、㈶古代學協会

野島　永・野々口陽子 1999「近畿地方北部における古墳成立期の墳墓(1)」『京都府埋蔵文化財情報』第 74 号、㈶京都府埋蔵文化財調査研究センター

野島　永・野々口陽子 2000 「近畿地方北部における古墳成立期の墳墓(2)」『京都府埋蔵文化財情報』第 76 号、㈶京都府埋蔵文化財調査研究センター

橋口達也編 1984『石崎曲り田遺跡』Ⅱ、今宿バイパス関係埋蔵文化財調査報告第 9 集、福岡県教育委員会

橋口達也 1999「首長権の発生と展開」『弥生文化論』雄山閣

速水信也編 1994『小郡若山遺跡』 3、小郡市文化財調査報告第 93 集、小郡市教育委員会。

春成秀爾 2003「弥生早・前期の鉄器問題」『考古学研究』第 50 巻第 3 号

春成秀爾 2006「弥生時代と鉄器」『国立歴史民俗博物館研究報告』第 133 集、国立歴史民俗博物館

春成秀爾・今村峯雄 2004『弥生時代の実年代　炭素 14 年代をめぐって』学生社

春成秀爾・藤尾慎一郎・今村峯雄・坂本稔 2003 「弥生時代の開始年代―^{14}C 年代の測定結果について―」『日本考古学協会第 69 回総会研究発表要旨』日本考古学協会

福永伸哉 1999「古墳の出現と中央政権の儀礼管理」『考古学研究』第 46 巻第 2 号

福永伸哉 2002「交易社会の光と陰―時代のうねりと丹後弥生社会―」『青いガラスの燦き』大阪府立弥生文化博物館図録 24

福永伸哉 2004「交易社会の発展と赤坂今井墳丘墓」『赤坂今井墳丘墓発掘調査報告書』京都府峰山町埋蔵文化財調査報告書第 24 集、峰山町教育委員会

藤尾慎一郎・今村峯雄 2006「弥生時代中期の実年代」『国立歴史民俗博物館研究報告』第 133 集、国立歴史民俗博物館

藤尾慎一郎 2007「土器型式を用いたウィグルマッチングの試み」『国立歴史民俗博物館研究報告』第 137 集、国立歴史民俗博物館

富士埜　勇 1992「山の神遺跡の発掘調査」『豊浦町史』 3、考古編、豊浦町教育委員会

松木武彦 1996「日本列島の国家形成」植木武編『国家の形成』三一書房

松木武彦 1998「考古学からみた「倭国乱」」『古代を考える　邪馬台国』吉川弘文館

光谷拓実編 2000『年輪年代法の最新情報―弥生時代〜飛鳥時代―』埋蔵文化財ニュース 99、奈良国立文化財研究所

宮田浩之 1996『三国地区遺跡群　西島遺跡 1・2 区の調査（遺物編）』6、小郡市文化財調査報告書第 109 集、小郡市教育委員会

村上英之助 1983「鉄鋌（枚鉄）ふたたび」『日本製鉄史論集』たたら研究会

村上恭通 1988「東アジアの二種の鋳造鉄斧をめぐって」『たたら研究』第 29 号、たたら研究会

村上恭通 1998a「鉄器普及の諸段階」『日本における石器から鉄器への転換形態の研究』平成 7 年度〜平成 9 年度科学研究費補助金（基盤研究 B）研究成果報告書

村上恭通 1998b「弥生時代における鍛冶遺構の研究」『考古学研究』第 41 巻第 3 号

村上恭通 1998c『倭人と鉄の考古学』青木書店

村上恭通 2000「鉄器生産・流通と社会変革」『古墳時代像を見なおす』青木書店

村上恭通 2003「中国・朝鮮半島における鉄器の普及と弥生時代の実年代」『考古学ジャーナル』No. 510、ニュー・サイエンス社

村上恭通 2005「弥生時代鉄製工具における新器種とその分布」『考古論集　川越哲志先生退官記念論文集』広島大学大学院文学研究科考古学研究室

山口信義 1992『中伏遺跡 1』北九州市埋蔵文化財調査報告書第 120 集、㈶北九州市教育事業団

Brumfiel, Elizabeth M., and Earle, Timothy K., 1987, Specialization, Exchange, and Complex Societies: An Introduction, *Specialization, Exchange, and Complex Societies*, Cambridge University Press.

Carneiro, Robert L., 1979, A Theory of the Origin of the State, *Science* Vol.169.

Childe, V. Gordon, 1950, The Urban Revolution, *Town Planning Review* 21.

Clark, John E. and Parry, William J., 1990, Craft Specialization and Cultural Complexity, *Research in Economic Anthropology* Vol.12.

Claessen, Henri J. M. and Van de Velde, Pieter, 1991, Introduction, *The Early State Economics*, Political and Legal Anthropology Vol.8, Transaction Publishers.

Claessen, Henri J. M., 1978, The Early State: A Structural Approach, *The Early*

State, eds., Classen, Henri J. M., and Skalnik, Peter, Mouton.

D'altroy, Terence N. and Earle, Timothy K., 1985, Staple Finance, Wealth Finance, and Storage in the Inka Political Economy, *Current Anthropology* 26-2.

Earle, Timothy, ed., 1997, *How Chiefs Come to Power*, Stanford University Press.

Evance, Robert K., 1978, Early Craft Specialization: An Example from the Balkan Chalcolithic, *Social Archaeology Beyond Subsistence and Dating*, Academic Press.

Helms, Mary W., 1976, The Interpretation of Long-Distance Exchange, *Ancient Panama: Chiefs in Search of Power*, University of Texas Press.

Hirth, Kenneth G., 1998, The Distributional Approach: A New Way to Identify Market Place Exchange in the Archaeological Record, *Current Anthropology* 39-4.

Kipp, Smith Rita and Schortman, Edward M., 1989, The Political Impact of Trade in Chiefdoms, *American Anthropology* 91.

Meillassoux, Clode, 1978, 'The Economy' in Agricultural Self-sustaining Societies: A Preliminary Analysis, *Relations of Production, Marxist Approached to Economic Anthropology*, ed., Seddon, David, Frank Cass.

Peebles, Christopher S. and Kus, Susan M., 1977, Some Archaeological Correlates of Ranked Societies, *American Antiquity* 42-3.

Peregrine, Peter, 1991, Some Political Aspects of Craft Specialization, Craft Production and Specialization, *World Archaeology* Vol.23, No.1, Routledge.

シンポジウム

討　論

参加者

中国社会科学院考古研究所	白　雲　翔
東京大学大学院	笹　田　朋　孝
韓国国立済州博物館	孫　明　助
畿甸文化財研究院	金　一　圭
シルクロード学研究センター	宮　原　晋　一
鹿児島大学法文学部	新　田　栄　治
広島大学大学院文学研究科	野　島　永

シンポジウムパネラー

コメンテーター

中国社会科学院考古研究所	施　勁　松
韓国国立慶州博物館	李　榮　勲

司会

韓神大学校国史学科	李　南　珪
北九州市立自然史・歴史博物館 (いのちのたび博物館)	松　井　和　幸

※発表者の所属は、発表時のものです。

会場風景

古代中国の鉄文化の起源と伝播

松井和幸 まず最初に、質問がいくつか来ていますので、質問に答える形で、発表者の方々に言い足りなかった点も含めて、補足説明していただきたいと思います。

李南珪 白雲翔先生には、質問がないようなので、私の方から質問したいと思います。

まず、隕鉄は熱処理をして（青銅に）嵌め込んだのか、そのままだったのかという点。

新疆省の鉄器の意味するところはどのようなことか。つまり中国の鉄器は西から伝来してきたかという点。

黄河流域と長江流域の鉄器に関して、地域差があるのかどうかという点。

鋳鉄脱炭鋼が春秋から戦国時代初期に発明されたとの発表がありましたが、具体的にはどのような遺跡があるのか教えていただきたい。

以上の4点に関して、質問したいのですが。

白雲翔 まず、隕鉄の熱処理があるかどうかということで、隕鉄は主に殷代と西周時代の終わり頃のもので、春秋時代のものがあるかどうかわかりません。科学的な分析によりますと、河北省藁城県台西村殷代墓から出土した銅体鉄刃鉞の一例では、隕鉄を熱処理して鍛打後、青銅の鉞体部に嵌め込んだとわかりました。

2点目の質問の、中国の鉄器の起源は西アジアにあるかどうかについては、今のところ鉄器の形や広がり方を見れば、鉄器文化は新疆地域と中原地域は、分かれた方がいいように思います。そして起源については、新疆地域と中原地域と二つあると論文には書いております。新疆の古い鉄器は、西ア

松井和幸氏・李南珪氏

ジアのものと関連があるかどうかは私も関心を持っていますが、新疆地域の最も古い鉄器は紀元前13世紀頃のもので、紀元前10世紀にはいくつかの地域から鉄器が出土してきています。新疆地域の鉄器の製作技術ははっきりわかりません。化学分析をしていませんので、隕鉄か人工鉄か、人工鉄であれば銑鉄か塊錬鉄かどうかなどはわかりません。また新疆地域の考古学者は、遺跡の年代を紀元前13世紀頃ないしは紀元前12世紀頃な

白雲翔氏

どと判断していますが、この考えはあまり認められないと思います。

　考古学的な編年があまり細かくありませんので、年代的にはもう少し検討する必要があると思います。したがって新疆地域の鉄器が西アジアの鉄器と関連があるかどうかはまだはっきりわかりません。私の考えからいいますと、中国の西にあるという地理的な位置から、西アジアの鉄文化と関連があるとは思いますが、現段階では証拠はありません。

　3番目の地域差ですが、春秋時代に鋳鉄とか銑鉄とか錬鉄とかがありますけれども、資料が限られていますので、まだ地域差ははっきりわかりません。戦国時代後半に入りますと、地域差は出てくると思います。例えば長方形の鋤先とかスコップとか横銎の鍬、多歯鍬とか牛鋤の先とか半月形手鎌などは北方地域で流行したものです。豆形灯、横柄行灯は秦の地域で見られます。また凹字形の鋤先、鉇などは、北方地域にないとはいえませんが、南方地域で多く使われたことがわかります。歯刃鎌刀ー手鎌は北方地域にはあまりありませんが、南の地域にはあります。鉄器の地域差が出てくるのは、春秋時代に遡る可能性が高いと思います。

　最後の問題は、化学分析によると鋳鉄脱炭鋼は春秋時代の終わり頃か戦国時代の初期頃から発生して、戦国時代の前期頃から普及しました。例としては、河南省登封県陽城の製鉄工場遺跡から発見した戦国時代早期の鋤先と板材の中で、鋳鉄脱炭鋼製品3点を鑑定しました。これはす

べて金属学の研究者の分析によってわかったものです。したがって、私の結論は金属学者の結論を利用したものです。

李南珪 私は、長江流域と黄河地域の鉄器には、かなり早い時期から地域差があったのではないかと思っています。それと鋳鉄脱炭鋼の現れる時期も少し早く見ていますので、ちょっと意見が違います。

松井和幸 実はもう一人、中国から同じ社会科学院考古研究所の施勁松先生がお見えになっています。先生は、青銅器が専門ですが、白先生の発表に対するコメントをしていただきたいと思います。

施勁松 私は青銅器について研究していますが、中国や東アジアにおいては、青銅器の生産技術と鉄の生産技術の起源と伝播は似ています。それで、私なりに東アジアにおける鉄の起源と伝播について述べてみたいと思います。

　起源や伝播のことについて述べるのは、特定の研究範囲に入ってこないと語ることはできません。私たちの視野において語ると、鉄器は中原地域と新疆地域において出現したと考えることができます。もし視野を東アジアにおいて鉄器の起源を考えると、中国の中原地域で出現し、中国の東北地域や東南アジアに伝播したと考えることができます

　つまり中国や東アジアの鉄の製造技術は、自立的に発明されたのか、他の地域に起源があるのかが問題であります。鉄は直接簡単な加工によって自然界から獲得するような物質ではありません。鉄を手に入れて、これを加工して鉄器を作るためには専門的な技術が必要になります。

　東アジアを除いて、古代世界の大多数の地域では遅かれ早かれ鉄器を使用しています。このことから明らかにすべての地域において、自立的に発明されたことはあり得ません。この問題について、私は鉄器を作る技術はもっと早くひとつの地域から現われたと考えています。そしてこの地域は西アジア

施勁松氏

と考えております。

　次にお話したいのは、中原地域においては、殷代に早くも隕鉄製品が現われました。そのことが中国の製鉄技術の発明を大きく引き起こしたといえるでしょうか。隕鉄は一種の金属ですが、世界中の範囲からみれば、隕鉄が人工鉄を導いたのではありません。

　そのほかに、殷代の隕鉄の起源の問題があります。エジプトや西アジアの隕鉄製品の出現は紀元前3,500年代で、殷代よりも早い時期です。しかし2,000年前後中国の国内において、西洋から来ていると思われる要素が出現しました。その中に青銅器を作る技術や馬車、家畜の馬や山羊そして小麦などの要素が入っています。この中にはたぶん隕鉄も入っているのではないかと思われます。

　中原地域において最も早い製鉄技術は、塊錬鉄ですが、これは世界中の製鉄技術と同じようなものです。それで中国独特の製鉄技術は、最初の技術ではなく、その後に現われている塊錬鉄浸炭鋼や液体の銑鉄やそして鋳鉄脱炭鋼などになります。

　4点目ですが、世界的範囲から見れば最も早い製鉄技術はみな同じようなもので、この認識は最も早い鉄の製品に対して科学的な測定をしたことに基づいて言えるものです。この同じ技術を利用しても生産した鉄器というものは違うものになります。技術は文化を越えていろいろな地域に伝播することができます。異なる地域で同じような技術を利用して、その地域にふさわしい鉄器を作ることが出来ます。

　鉄器の外部の形態が異なることは、鉄器そのものの伝播を否定しますが、独自の技術の起源を有しているとは言えません。鉄器の起源の研究というのは、鉄器を使った地域で研究できますが、製鉄技術の起源に関しては、もう少し広い地域で考察しなければなりません。

　以上問題提起になりますが、これらの問題を解決するために、西アジアを含め広い範囲で考古資料に基づいて考察していかなければなりません。

古代東北アジアの鉄文化の起源と伝播

松井和幸 次に笹田さん手短に、昨日の発表の補足をお願いいたします。

笹田朋孝 昨日もお話いたしましたが、レジュメには根拠を書いてはおりますが、年代に関しては私自身の意見と思ってください。といいますのも、ロシアや中国、北朝鮮の方々の年代観というのはまた違っておりまして、私の方は中国の鉄器の年代が大事だと思っておりますので、それほど古くならないのじゃないかなと思っています。それから楽浪と牧羊城の二つの資料を出しておりますが、これは東大にある資料ということで、実際に楽浪の資料の全体を示している資料ではありません。

ぜひ平壌などで実際に資料を見た方に補足していただければ助かります。

李南珪 先ほど私の方で質問しましたが、最近ロシアで、クロウノフカやヤンコフスキー文化の鉄器を紀元前7世紀と考えている人が多いですね。それと私もロシアの学者から頼まれて、バルハシという豆満江から東北に70kmほど離れているところの鉄器を分析中ですが、それも紀元前6世紀の鉄器といいます。ロシアの学者達と先ほどの笹田さんの意見はズレがありまして、今後解決することが重要です。

それともう一つは、最近韓国では、沿海州のクロウノフカ文化が南下してきて、ソウルあたりと、東海岸の文化が変わったと説明しておりますし、江原道でも紀元前7世紀の鉄器が出たということで、絶対年代が紀元前600年と前420年の年代が出ています。土器の系統は、クロウノフカやヤンコフスキー文化の系統に属します。これを追加しておきます。

それと笹田さんに質問しますが、楽浪の鉄器は漢代のものがほとんどすべて入ってきますが、何故農具は入ってこないのでしょうか。

私は、このことに関して、少し疑問を持っていますので、教えてください。

笹田朋孝氏

笹田朋孝　クロウノフカ文化の南下についてですが、韓国のあのあたりの文化を一応初期鉄器文化と考えれば、似ているような資料は出ています。ただ私がそのあたりの資料をちゃんと見たわけではないので、北朝鮮や韓国の北あたりの資料がクロウノフカ文化のものと似ているのか、正直わかりません。

　楽浪に農具が少ないというのは、確かに変だなと思うのですが、私が見た資料は一部だと思えば、そこに意見を入れるような知識量ではありません。だれか他の方に言っていただければ幸いです。

中国の鋳造技術について

松井和幸　それでは次に宮原さんにお願いします。それで私からの質問なのですが、昨日の宮原さんの発表にあった技術は、いつごろまで遡りますか。かなり古い時代の技術なのかその辺りのことを中心に説明いただけたらと思うのですが。

宮原晋一　それを考える上での材料は私は何も持ち合わせておりません。ただ昨日あいまいな形で最後に済ませましたが、どうもかつて土型でしていた段階があって、近辺の様子を見ていると、中子まで石型でしているという形のところもなかったですし、石笵を使っているという点では3つの部落共通しているのですが、その中で微妙な技術の違いがあるのが、少し気になります。

　その中で、土型にするための木製の木枠まであったことを考えると、私が見たこの石笵技術というのは、必ずしも古くないのだろうなと思います。

　それでその中で、これは朝岡先生にコメントいただいたらとも思うのですが、私が見学した先ほどの親父さんは、どこでこの技術を習ったのかと聞いたら、人

宮原晋一氏

民公社に弟子入りしたのだと言いました。それで最近中国からもらったレポートによると、親方は二人いて、かつてこの俄亜大村にも人民公社があり、そしてそこに弟子入りしていた。それで、それほど遠くはないと思うのですが、人民公社時代に鋳造技術を学ぶために、さらに別のところに派遣されているということです。ですからこの親父さんは、鉄の仕事に関わってから鋳造技術を覚えるまで10年くらいの下積みがあったようです。今から思うと一つ後悔しているのは、当時重要な質問をし忘れておりました。というのは、貴方の技術と貴方の先生の技術といったいどこが違うのか。踏襲している部分とあなた自身が工夫している部分はどこなのかということを聞けば、この疑問は少し解決できたのではと、後悔しております。

古代朝鮮半島の鉄文化の起源と伝播

松井和幸　次に孫明助さん、補足の説明などありましたら、お願いします。

孫明助　今日は、韓国鉄器文化について2つの話題を話したいと思います。1つは韓半島の製鉄文化がどこから入ってきて、いつ発生したかということ、もう1つは、韓国で製鉄遺跡がどのように発展して、国家形成に係わったかという点です。

孫明助氏

起源に関しては、北朝鮮の資料が足りないということがあります。北朝鮮の資料の増加を期待するしかありませんが、現状では韓国の早い時期の鉄器から類推するしかありません。

それから、鉄器文化がどのような段階まで発達したかということです。この問題についても資料が足りないですから、鉄器の形態と副葬の様相から考えるしかありません。けれども3世紀後半以降の製鉄遺跡が見つかっていますし、7世紀、8世紀頃の製鉄遺跡は増

えています。

　韓半島南部の特徴の一つは、大規模な遺跡が多いことです。これは国家形成の過程で経済力を持ちながら、また生産流通圏を握ったことを意味します。

　その面で、このような韓半島の鉄器文化の研究が続けられてほしいと思います。

松井和幸　ありがとうございました。では引き続き、金一圭さん、発表の補足説明等があればお願いいたします。

金一圭氏

金一圭　隍城洞遺跡に関しては、孫明助さんは20年前、私は10年前に発掘調査をしていますが、遺跡の年代に関しては、差があります。私が調査したときは、遺跡の年代がわかる土器が出土しました。前は漠然として隍城洞遺跡は3世紀後半から4世紀と思っていたのですが、私が掘った遺跡からは3世紀前半の瓦質土器が出土しました。また4世紀後半の陶質土器も、炉の中から出土しました。それ以降は溶解炉の鋳造ではなくて、集落の中で鍛造に変わっています。

　慶州の徳川里Dで廃棄場が見つかりました。徳川里遺跡からも、鋳型と鉄鉱石とスラグが見つかりました。時期は5世紀前半と思われます。5世紀になると隍城洞の集団が、徳川里の方に移動したのではないかと考えております。

松井和幸　つぎに、慶州から隍城洞遺跡を調査されています李榮勲先生がお見えになっていますが、そのあたり（年代に関して）コメントいただけたらと思います。

李榮勲　孫明助さんと昔（隍城洞遺跡を）発掘しましたが、金一圭さんの年代も十分あり得るのではないかと思っていま

李榮勲氏

シンポジウム　討論　179

す。それは隍城洞遺跡の操業の幅がある程度あるからだと思っています。孫明助さんの発表の中にもありますけれども、韓半島鉄器文化の流入のきっかけを、歴史的事件に結び付けて考えることは普通ですが、韓半島の鉄器文化の流れは、従来北から南に流れてきたと考えられていましたが、南方から流入してきたという考えを検討する必要があると思います。

　茶戸里の木棺をもった遺跡を見ますと、中国の南の越の地域と関係があるのではないかと思います。

　金一圭さんが発表した中に、中国の燕系統の土器が入ってくることを燕の勢力に入ったという発表がありましたが、これに関しては慎重に検討する必要があると思います。

古代東南アジアの鉄文化の起源と伝播

松井和幸　どうもありがとうございました。続きまして、新田先生お願いいたします。新田先生には質問が一つ来ております。まずこの質問に答えていただいてから補足説明をお願いいたします。

（質問）　バンドンプロン遺跡の製錬炉の炉高はどれくらいでしょうか。炉壁の出土はあるでしょうか。

新田栄治　写真でご覧になったように、残っておりませんので、全体はわかりません。

　民族誌としているものからは50cmのもの、あるいは1mのものがあるのですが、この2つの炉の直径がわからないので何とも言えないとこですが、50cm程度ではないでしょうか。それから炉壁の出土はありました。破片でしたが。それでよろしいでしょうか。

　それから昨日今日と、中国と朝鮮の話を伺っておりまして、われわれ東南アジアをやっているものから見ますと、同じ隣接地帯なのに、北の方では、南と比べますと中国の

新田栄治氏

鉄器文化の影響をかなり強烈に受けているという印象を受けました。

ベトナム北部におきましては紀元2世紀頃まで中国の青銅製品が出ますし、中国製の青銅器をコピーして現地で文様等変容した青銅器の道具であるとか、ベトナムでバケツ形青銅器とか言っているものなどにあるのですが、鉄に関しては明瞭な中国製のものであるという例を見ることが非常にむずかしい。何故そうなんだろうかということが、他の先生方の発表を聞いて、南派の私としては、疑問を感じているところです。

古代日本列島の鉄文化の起源と伝播

松井和幸 それでは次に、野島先生お願いいたします。野島先生にも質問が来ております。これは少し長いです。

（質問） 弥生時代後期の鍛冶技術について、弥生時代後期以降、瀬戸内海以東の鉇について刃部のみを鍛接して成形するとのご説明がありましたが、刃部に鋼を鍛接していることは、分析で明らかになっているのでしょうか。あるいはどうして、鍛接していることがわかるのでしょうか。

また、鉄鏃の刃部の形成において鋼の利用はどのようになっているのでしょうか。

野島　永 さきほどからパワーポイントでお見せした資料の中に山口県の鉇の例を挙げているのですが、分析はされてはいなかったかと思います。したがいまして、形態からそのような鍛接されたようになっていると想定して申し上げたわけです。その点で、厳密な表現ではなかったかとは思います。ただ見られたらわかると思うのですが、弥生時代の瀬戸内の鉇というのは非常に形態にバラエティがあります。持つ部分の木柄の付け方もあいまいなのですけれども、九州北部の鉇は非常に作りが似通っていま

野島　永氏

して、ついている木柄も丁寧な作り方をしているというのがわかるかと思います。

　それから鉄鏃の刃部の鋼の利用という点に関しましては、分析専門ではないので、特に鏃などは出土した段階で酸化鉄になっておりまして、ちょっとその点は判断しかねます。

松井和幸　それから、発表に何か付け加えることはありませんか？

野島　永　今日、AMSの話を申し上げまして、数年前に国立歴史民俗博物館によって弥生時代の開始期が数百年遡る可能性が指摘されたわけです。これによって、鉄器文化の初現というよりも、弥生時代の一番古い鉄器はどれなんだという疑問がでてきたわけです。^{14}C年代のことをお話ししたわけですが、だからと言って^{14}C年代法（AMS法）による実年代にすべて乗っかるつもりはないのです。しかし、もう一度調べなおしてみると、前期の末葉、確実には中期の初頭になってはじめて鉄器が増えてくるということがわかりました。それと中期初頭の時期に中国の戦国時代の後半期の時期の鋳造農具の割合が多いということは、両方の時期にわずかでも接点があるのではないかということで、前期末葉から中期初頭の実年代は古くなるのではないかというふうに考えたわけです。ただし、国立歴史民俗博物館の藤尾先生がおっしゃるように、中期初頭が紀元前4世紀半ばに遡る、という推論に関しては、私自身弥生時代中期の集落の発掘調査をした経験上、首肯しかねるところがあります。弥生時代の環濠などの遺構においてⅡ様式からⅢ様式の土器というのはかなり混在して出土します。また、Ⅲ様式からⅣ様式の土器群も共伴するものですから、これを見ていると、どうしても弥生時代中期の初めと終わりが350年以上もかけ離れているというふうに考えるのは少し難しいのではないかとも思っております。弥生時代中期の住居の存続時間だけが著しく長いと言う理由の説明がやや困難であると今は思っています。

李南珪　司会者からの質問なんですが、先ほどの発表の中で中山貝塚の鉄器は鋳造品とありましたが、他に綾羅木郷とか瓜生堂とかの鉄器は、鍛造品の可能性がもっとあるのではないかと私は、錆びの形から、そう見えましたけれど。

野島　永　今回あげていなかったのですけれど、CTスキャンをやっていく間に鍛造品のCTスキャンも一応、行なってはいるんですが、鍛造品は明らかに層状の線と細長く伸びた細かな腐食による空隙が出てくるんですね。一方で鋳造品は、内部に球形の鬆が入ることがあります。また、表面に近づくにしたがって、鋳型との接触する表面部分において気泡（鬆）が出てきます。またそこから成長した腐食も増えるわけです。そしてその外側に薄い錆層が形成されているということがわかります。今回提示した鉄器はCTスキャニングしておりますので、0.1mm以下のレベルでスライスした画像を得ることができます。縦断面、横断面の画像を見ていけば、かなり詳細に内部構造がわかるのではないかと思っています。ただこういった最先端の文化財CTスキャニング装置を持っているところはそう多くはなくて、この精度でやれるのは、㈱島津製作所テクノリサーチのものだけだと思います。一応それを見て今回の鉄器はほぼ鋳造品で間違いないのではないかと、表面近くに非常に細かい気泡が出ている場合は、鋳造品の証拠だと思っています。

李南珪　私の経験とちょっと違う話なので、興味ありますね。

　　大澤さんいらっしゃいますか。今のことについてちょっとお話いただきたいのですが。

大澤正己　表層側に気泡が多いというのは、やはりあの戦国時代になると、可鍛鋳鉄製品、鋳造品を焼きなまし脱炭を行なっていて、白鋳鉄は焼きなましを900℃～1000℃の温度で加熱するとセメンタイトという物質が黒鉛になります。その黒鉛になってその部分からCOガスが抜けていく。その気泡が野島先生がおっしゃった気泡じゃないかと思われます。これはあくまで私の感覚からの発言ですけれどもね。そういうことで、鋳造品をただ鋳込んだままのものではなくて、焼きなまし脱炭を行なったという、二条凸帯の特徴が一つあるわけです。その現われで、やはり物を見ていってはという考えを持っております。以上です。

李南珪　鋳鉄脱炭鋼の場合、鋳造した後に、また鍛造しますから、鍛造品じゃないでしょうか。例えば、鋳鉄脱炭鋼を素材として、鉄器を作ったとしたら。

大澤正己氏

大澤正己 あの、可鍛鋳鉄、鋳鉄脱炭鋼という変化は、鋳鉄脱炭鋼というのは鍛冶素材に展開した材料だと思います。これは、棒とか板に鋳込んだ後脱炭をして、加工のしやすいものにしている。だからそのようなものであればやはり加工の可能性はあるし、いろんな気泡なんかもつぶれている可能性もありますね。ただ華覚明先生のはさみの調査例で、はさみを作っておるんですが、その加工度はあまり認められないというような状況もありますし、表層はかなり錆びて情報不足にもなるので、そのへんは慎重にいかなければならないと思います。私が当たっているのは純粋なものではなく、錆びたもので分析して発言しておりますので、ちょっと心配な点もあるということをご了解ください。

李南珪 一点くらいは切って、組織を見てほしいですね。

松井和幸 残りあと10分位になってしまいました。

李南珪 韓国からの発表に追加して、最近の情報を申し上げます。面白いのは、さっき金一圭さんが、隍城洞の溶解炉と炒鋼に関して話されたんですが、最近あの百済の地域である錦江流域で、4世紀の製鉄遺跡が発掘されました。さっき孫明助さんも忠州の漆琴洞遺跡を紹介しましたけれど、製鉄炉が1.8m位、一番大きいもので、作り方がちゃんとわかりましたから、当時の労働工場までわかることになったんです。細かくは説明する時間はありませんが、百済の4世紀の製鉄炉で、鉄鉱石が出る遺跡があれば、鉄鉱石なしの遺跡は溶解炉か炒鋼炉で、鋼を作っていた可能性があります。その資料を私が分析しております。もし関心のある方がおられたら、昌原の金属器研究所で分析していますから、詳しく説明することが出来ると思います。それからもう一つ、勒島（慶尚南道泗川市）で発掘したときには、製鉄遺跡ということはわからなかったんですけ

れども、後に遺物整理するなかで鉄滓が見つかりまして、去年遺物整理する途中で、私が手伝って、報告書を書いたんですけれど、その中で分析してみたら、紀元2世紀の勒島遺跡で製鉄をしていたことがわかって、原料が鉄鉱石ではなくて砂鉄であるということがわかりました。それからもう一つは、ソウルの南に水原半月洞という遺跡があるんですけれど、私の大学で、百済の4世紀の遺構から出土した鉄塊を分析してみたら、砂鉄を利用して製鉄を行なっていたということがわかりました。最近、砂鉄を原料とする遺跡が増えているし、それから今回のテーマとは違うんですけれど、高麗時代と朝鮮時代の釜を鋳造する遺跡とか、製鉄関連の遺物が出土しております。

　それから、さっきの沿海州の鉄器の分析を頼まれまして、現在分析結果を待っていまして、来年7月にバルハシという豆満川のから70kmほど離れている遺跡を掘る予定です。私は行く予定ですが、一緒に行って、ヤンコフスキーの鉄器についても、遺跡の現場で議論して解決できたらどうかと思っています。

松井和幸　本当に時間も残り少なくなってきましたが、最後に1点だけ、確認しておきたいのですが、本日ご参加の方々もAMS年代と弥生時代鉄器の年代について非常に関心がおありだと思います。中国側、あるいは韓国側から見て、日本の鋳造鉄器がいつごろのものかということを若干コメントいただきたいと思います。特に韓国の方には、昨日金一圭さんの発表にも出てきましたが、完州葛洞遺跡という細形銅剣の鋳型と共伴して出土した鋳造鉄器があります、韓国の方は紀元前2世紀とされているのですが、その年代の根拠をお願いしたいと思います。それだけ確認すれば時間が来るかと思います。

白雲翔　さきほど野島さんの発表の鉄器は形を見れば、戦国時代のものだと思っております。鉄器の場合、時代によって形と種類が違いますけれど、変化はあまり速くはないと思います。北九州市長行遺跡から出てきた、ちょっと長い斧を見れば、燕のものではなくて、中国の南方のものじゃないかと思っております。あれの年代は、縄文晩期か弥生前期かと思われましたが、中国の場合、戦国時代中期の初め頃のものです。私が関心

を持っているのは、鉄器の問題だけではなくて、弥生時代の始まりですね。もし紀元前6世紀前後よりもっと古い時代に日本に鉄が出てくれば、東アジア全体のことを考えにくいと思います。斉藤山とか曲り田とか、それらについては日本の研究者が決めた方が良いと思います。それが決まらないと弥生時代の始まりは、言いにくいと思います。

松井和幸　最後に1点だけ、孫明助さんか金一圭さんで、先ほどの葛洞遺跡の年代の根拠をお願いいたします。

孫明助　葛洞遺跡で積石木棺墓から細形銅剣の鋳型とそれから鋳造鉄器の鎌、斧が出土しました。韓国では、北朝鮮の龍淵洞遺跡を紀元前3世紀と見ています。時期の正確な編年の基準がどこにあるかは、私は曖昧だと思います。燕との係わりがあるとしたらもっと古く遡らせてもいいのじゃないかと思います。紀元前3世紀の場合は韓国では、円形の粘土帯土器とそれから青銅器と土坑墓などいろんな文化があります。その時期は、戦国系統の鉄器を使う集団と、細形銅剣を使う集団に分かれます。細形銅剣が出土した完州葛洞遺跡は一般的に言われている、紀元前2世紀より古くなる可能性があります。

松井和幸　ありがとうございました。いろんなことをこれから話していきたいのですが、ちょうど予定の5時になりました。問題はこれからみんなで検討しながら解決していけばと思います。

　2日にわたりまして「第1回　東アジア鉄文化研究会」ということで、東南アジアも入れまして、シンポジウムを行ないました。今回の成果に関しましては近い将来まとめたものを出版することになるかと思います。

李南珪　今回このようなシンポジウムの司会を初めてしました。面白い発表で、わたしなりに質問したいこともたくさんあったのですが、それは問題点として残し、今回は第1回で、2回、3回と続けながら、これから東アジア鉄文化研究会を発展させたいと思います。ありがとうございました。

シンポジウム関係者

執筆者紹介

朝岡康二　1941年生まれ　国立歴史民俗博物館名誉教授
白雲翔　　1955年生まれ　中国社会科学院考古研究所
笹田朋孝　1978年生まれ　愛媛大学東アジア古代鉄文化研
　　　　　　　　　　　　究センター
宮原晋一　1957年生まれ　奈良県教育委員会
孫明助　　1962年生まれ　韓国国立中央博物館
金一圭　　1971年生まれ　한얼文化遺産研究院
新田栄治　1948年生まれ　鹿児島大学法文学部
野島　永　1964年生まれ　広島大学大学院文学研究科
松井和幸　1955年生まれ　北九州市立自然史・歴史博物館
　　　　　　　　　　　　（いのちのたび博物館）

（所属は2010年4月現在）

2010年5月20日 初版発行	《検印省略》

シンポジウム
東アジアの古代鉄文化

著 者　松井和幸
発行者　宮田哲男
発行所　株式会社 雄山閣
　　　　〒102-0071 東京都千代田区富士見2-6-9
　　　　TEL 03-3262-3231(代)　FAX 03-3262-6938
　　　　URL http://www.yuzankaku.co.jp
　　　　e-mail info@yuzankaku.co.jp
印　刷　スキルプリネット
製　本　協栄製本株式会社

Ⓒ Kazuyuki Matsui　　　　　　　　　　Printed in Japan 2010
ISBN 978-4-639-02138-4 C3021